DAS GROSSE WOK BUCH

DAS GROSSE WOK BUCH

Parragon

Bath • New York • Singapore • Hong Kong • Co ogne • De hi • Me bourne

Layout: Simon Levy
Fotos: Charlie Richards
Fachberatung: Anna Burges-Lumsden, Mima Sinclair
Text: Christine McFadden

Realisation der deutsche Ausgabe: trans texas publishing, Köln
Übersetzung: Lisa Voges, Köln
Lektorat: Şebnem Javuz, Erpel

ISBN 978-1-4075-8419-5

Printed in China

Wichtige Hinweise
Werden Maße in Löffeln angegeben, sind immer gestrichene Löffel gemeint. Ein Teelöffel entspricht 5 ml, ein Esslöffel 15 ml. Soweit nicht anders angegeben, werden Vollmilch, Eier und Früchte mittlerer Größe und frisch gemahlener schwarzer Pfeffer verwendet.
Die Garzeiten sind lediglich ungefähre Werte. Sie können abhängig von Herdtyp und Zubereitungsweise variieren. Zusätzliche Zutaten, Variationen und Vorschläge für Beilagen sind in den Berechnungen nicht enthalten.
Kinder, ältere Menschen, schwangere Frauen, Rekonvaleszenten und Kranke sollten auf den Verzehr von rohen oder nicht durchgegarten Eiern verzichten. Schwangeren und stillenden Frauen wird vom Verzehr von Erdnüssen und Produkten, die Erdnüsse enthalten, abgeraten. Nuss-Allergiker sollten bedenken, dass manche in diesem Buch verwendeten Fertigprodukte Nüsse enthalten können. Lesen Sie vor der Verwendung stets die Packungsaufschrift. Vegetarier sollten bedenken, dass manche der in diesem Buch verwendeten Fertigprodukte Stoffe tierischen Ursprungs enthalten können. Lesen Sie vor der Verwendung die Packungsaufschrift.

INHALT

EINLEITUNG

Das wichtigste Kochgefäß in China, der Wok, ist seit über 2000 Jahren in unveränderter Grundform bekannt und nicht aus chinesischen Küchen wegzudenken.

Für die Entwicklung von Kochgefäßen waren, historisch betrachtet, mehrere Faktoren entscheidend. Der wichtigste dürfte wohl die Art der Feuerung gewesen sein. Diese wiederum bedingte die Art und Weise der Speisezubereitung. In China waren früher Holz, Kohle und Tierdung die wichtigsten Brennstoffe. Die Versorgung war spärlich und nicht durchgängig gegeben; und so ist die chinesische Küche im Wesentlichen eine Armeleuteküche. Unabhängig vom Brennstoff musste Energie sparsam eingesetzt und der Topf schnell erhitzt werden. Die Form des Wok mit seinen ausladenden Seitenwänden ist perfekt dafür geeignet. Von der heißesten Stelle in der Mitte der metallenen Pfanne wird die Hitze schnell nach außen geleitet. Dadurch konnten mit relativ geringem Brennstoffverbrauch und wenig Öl klein geschnittene Zutaten unter Rühren rasch gegart werden.

Die Form des Wok wurde an die traditionellen chinesischen Öfen angepasst – ein Kohle- oder Holzfeuer unter einer rechteckigen „Feuerbank", in der runde Löcher oder Mulden eingelassen waren. Der Wok saß fest in den Öffnungen, und die schrägen Seitenwände verhinderten, dass das Gefäß verrutschte. Die Hitze des Feuers wurde direkt auf den Wok-Boden gelenkt, sodass keine Energie ungenutzt entweichen konnte.

Heute werden solche Herde zumeist mit Gas geheizt, Gasbrenner und darüberliegender Gitteraufsatz entsprechen aber demselben Prinzip. Küchen in Restaurants und öffentlichen Einrichtungen haben entsprechende Gastronomieherde für riesige Woks, in denen große Zutatenmengen zubereitet werden können. Aber auch auf dem einfachsten Gasbrenner kann ein Wok verwendet werden.

VIELSEITIGES KOCHGEFÄSS

Aufgrund seiner Form ist der Wok für nahezu alle Arten von Lebensmitteln und Kochtechniken geeignet. Wenn der Wok-Boden einmal heiß ist, verteilt sich die Hitze nach außen über die ausladenden Seitenwände und erzeugt so eine wesentlich größere Garoberfläche als in normalen Töpfen und Pfannen mit vertikalen Seitenwänden. Dadurch entstehen in dem Kochgefäß unterschiedliche Garzonen. Zutaten, die auf dem Wok-Boden gebraten wurden, können auf die Seite geschoben werden und langsamer weitergaren. Währenddessen kann eine weitere Zutat in den Wok gegeben und bei starker Hitze auf dem Wok-Boden gegart werden.

Zwar wird der Wok überwiegend zum Pfannenrühren verwendet, doch kann darin auch gedämpft, gekocht, geschmort, frittiert, sautiert und geräuchert werden.

Es gibt zwei klassische Wok-Typen: die kantonesische und die Pekinger Form, die beide in ganz China verwendet werden. Der kantonesische Wok hat zwei Henkelgriffe; er ist leicht zu handhaben, wenn sich viel Flüssigkeit darin befindet, zum Beispiel beim Dämpfen oder Frittieren. Der Pekinger Wok hat einen langen Stielgriff; er ist bequemer und auch sicherer fürs Pfannenrühren. Der Wok wird mit einer Hand gehalten und gerüttelt, während die Zutaten mit einem langen Holzlöffel gewendet werden. Durch den langen Stiel bekommt der Koch die starke Hitze und das heiße Bratfett weniger zu spüren. Einige Peking-Wok-Modelle haben dem Stielgriff gegenüber zusätzlich einen Henkelgriff, damit sich die heiße Pfanne bequemer vom Herd zum Tisch tragen lässt.

MATERIAL

Traditionelle Woks sind aus Gusseisen, das die Hitze gleichmäßig leitet und gut hält. Erwähnt werden sollte vielleicht, dass chinesische Gusseisen-Woks dünnwandiger und leichter sind als ihre westlichen Pendants. Sie werden schneller heiß und bilden auch eine stabilere Beschichtung, die verhindert, dass die Zutaten am Wok-Boden haften bleiben (siehe Beschichten, Seite 10). Der Nachteil ist, dass sie schnell schadhaft werden, wenn man sie falsch pflegt oder fallen lässt. Westliche Gusseisen-Woks hingegen sind stabiler, brauchen aber länger, um heiß zu werden oder abzukühlen – was die überaus wichtige Temperaturregulierung beim Garen schwieriger macht.

Heutzutage bestehen Woks zumeist aus Karbonstahl. Stahl-Woks sind relativ leicht, leiten die Hitze gleichmäßig und schnell. Die Unterschiede in Preis und Qualität sind groß. Die besten Woks bestehen aus zweilagigem, von Hand in Form gehämmertem Karbonstahl. Dies lässt sich an den kleinen Rillen und Dellen auf der Wok-Innenseite erkennen.

GESUNDES GAREN

Aufgrund seiner Vielseitigkeit eignet sich der Wok für diverse schonende Garmethoden. Beim Pfannenrühren wird im Vergleich zu einer normalen Bratpfanne mit großem, flachem Boden nur ganz wenig Bratfett benötigt, nämlich nicht mehr als etwa ein Esslöffel. Aufgrund der hohen Temperatur garen die Zutaten sehr schnell, ohne das Öl aufzusaugen. Wenn sie gar sind, werden sie auf die schrägen Seitenwände geschoben, von wo das Fett wieder zurück auf den Wok-Boden laufen kann.

Dämpfen ist eine weitere schonende Zubereitungsmethode und in einem Wok ganz einfach (siehe Grundtechniken, Seite 12). Sie ist perfekt für Gemüse und Geflügel oder Fisch. Durch die feuchte Garumgebung wird kein Fett benötigt, und viele Vitamine und Mineralien bleiben erhalten, weil sie nicht wie beim Kochen oder Dünsten in der Kochflüssigkeit gelöst werden.

Auch Schmoren ist im Wok möglich. Es gehen weniger Vitamine und Mineralien verloren, und auch die Fettmenge kann auf ein Minimum reduziert werden.

ASIATISCHE KÜCHE

Ursprünglich stammt der Wok aus China, doch ähnliche Kochgefäße gibt es auch in Ost-, Südost- und Südasien. Je nach Landesküche wird der Wok neben anderen Töpfen und Pfannen verwendet, oder er ist – wie in der chinesischen Küche – das mehr oder weniger einzige Kochgefäß.

Form und Name variieren von Land zu Land. In Japan ist der Wok als *chukanabe* (wörtlich: „chinesischer Topf") bekannt. Er ist flacher und breiter und wird wie eine gewöhnliche Pfanne verwendet. Der *dare-oh* aus Myanmar ist eine tiefe Pfanne ähnlich einem Wok. Er besteht aus Messing oder Gusseisen und hat zwei Henkelgriffe. Der indonesische *wajan* ist tiefer mit geraderen Seitenwänden, während der vietnamesische *chao* kleiner und flacher ist. In Malaysia wird der Wok *kuali* („kleiner Wok") oder *kawa* („großer Wok") genannt. Die vielleicht bekannteste Variante ist wohl der indische *karahi*, eine Art flachbödiger Wok mit zwei Henkelgriffen.

Während die asiatischen Küchen von Land zu Land und Region zu Region die unterschiedlichsten Ausprägungen erfuhren, haben doch viele der wichtigsten Richtungen und Techniken ihre Wurzeln in der Wok-Küche, selbst wenn andere Kochgefäße dafür verwendet werden.

CHINA

Das Reich der Mitte erstreckt sich über viele Längen- und Breitengrade mit zum Teil sehr unterschiedlichen topografischen und klimatischen Bedingungen. Diese Vielseitigkeit spiegelt sich auch in den vielen regionalen Küchen wider.

In Peking im Norden beispielsweise ist die Küche einfach und robust, berühmt für ihre Lamm- und Entenspezialitäten sowie ihre gebratenen und gegrillten Gerichte. Der Wok wird auch zum Schmoren von herzhaften Ragouts, zum Frittieren von ganzem Fisch und Pfannenrühren von „Seegras" – einem typischen Gericht der Region – verwendet, daneben aber auch zum Kochen von Nudeln, die hier dem Reis vorgezogen werden.

Kanton im Süden ist ein spannender Schmelztiegel für kulinarische Stilrichtungen. Die Region ist bekannt für erstklassigen Fisch und Meeresfrüchte, frische Früchte und Gemüse, und hier ist der Wok der Star. Die Köche überbieten sich in klassischen kurzgebratenen Wok-Gerichten und gedünsteten Dim Sum (gefüllten Klößen) und experimentieren gerne mit fremden Zutaten.

Die Schanghai-Küche rund um die Jangtse-Mündung im Osten ist eine Mischung aus verschiedenen Stilen, die gekennzeichnet ist durch volle, komplexe Aromen und den großzügigen Gebrauch dunkler Sojasauce, für die die Region bekannt ist. Der vielseitige Wok wird hier für die langsam gegarten Gerichte, köstlichen Suppen, frittierten Fisch und gebratenen Reis der Region eingesetzt.

Sichuan im Westen, auch als „Land des Überflusses“ bekannt, bringt eine große Vielzahl an Gemüsesorten, Pilzen und Fisch hervor, aus denen im Wok üppige Gerichte mit reichlich Sauce zubereitet werden. Sichuan ist außerdem berühmt für seine geräucherte Ente, ein Gericht in drei Zubereitungsstufen, das vollständig im Wok zubereitet wird: Erst wird die Ente geräuchert, dann gedämpft, um das Fett herauszulösen, und schließlich frittiert, bis das Fleisch von der Karkasse fällt.

SÜDOSTASIEN: INDONESIEN, MALAYSIA UND THAILAND

Wie in China ist der Wok auch in diesen Ländern ein unersetzliches Kochgeschirr. Ohne Deckel ist er perfekt für die Zubereitung der berühmten roten oder grünen Currys: Die große Oberfläche ermöglicht, dass genau die richtige Menge Wasser schnell verdampft, um die Sauce zu reduzieren. Auch für den ersten Schritt, das Rösten der Currygewürze, wird der Wok genutzt; die intensive Hitze auf dem Wok-Boden bringt die Gewürzaromen schnell zur vollen Entfaltung. Mit Deckel eignet sich der Wok zur Reiszubereitung durch Absorption, einer Methode, die weniger Wasser und Energie benötigt als das Kochen.

Besonders von Vorteil ist der Wok in Regionen Südostasiens, wo Brennstoff ein relativ knappes Gut ist, so zum Beispiel im trockenen Nordosten Thailands, wo Holz schwer erhältlich ist und die Wälder in den zentralen Ebenen Reisanbauflächen weichen mussten. Im waldreichen Norden jedoch, wo es reichlich Holz gibt, sind die Zubereitungstechniken vielfältiger, und man findet auch gegrillte oder gebratene Gerichte ebenso wie Schmorgerichte, die in riesigen Kesseln lange garen.

INDIEN

Auch die indische Küche zeigt, bedingt durch die riesige Fläche des Landes und die großen topografischen und klimatischen Unterschiede, unterschiedliche regionale Ausprägungen. Am deutlichsten lässt sich dies im Vergleich zwischen der reichhaltigen, fleischlastigen Küche des Nordens und den Gemüse- und Fischspezialitäten des Südens, wo Reis Grundnahrungsmittel ist, erkennen.

Die abwechslungsreiche Küche macht unterschiedlichste Kochgefäße erforderlich. Dazu gehören konventionelle Töpfe und Pfannen ebenso wie der *karahi*, die indische Version des chinesischen Wok. Er wird zum Frittieren oder Schmoren von Fleisch, Geflügel, Fisch und Meeresfrüchten oder Hülsenfrüchten verwendet. In vielen indischen Haushalten gibt es zwei *karahis*: einen tiefen mit kleinem Durchmesser zum Frittieren und einen flacheren, wesentlich breiteren zum Pfannenrühren, Braten und Schmoren.

GRUNDAUSSTATTUNG

Sie brauchen keine ausgefallenen, speziellen Küchenutensilien, um ein authentisches asiatisches Gericht zu kochen, schließlich gibt es für (fast) alles ein entsprechendes westliches Äquivalent. Im Folgenden sind einige nützliche Helfer aufgelistet; wirklich unverzichtbar davon ist nur der Wok.

Wok

Die konische Form des Wok macht ihn besonders geeignet zum Pfannenrühren. Dabei fallen die Zutaten immer wieder in die Mitte des Wok, wo die Hitze am stärksten ist und sie am schnellsten garen. Wenn der Wok einen Deckel hat, kann damit auch frittiert, gedämpft oder geschmort werden.

Woks gibt es in unterschiedlichsten Größen und Materialien. Karbonstahl leitet die Hitze schnell und gleichmäßig weiter, muss allerdings sorgfältig getrocknet werden, damit er nicht rostet und die Beschichtung nicht klebrig wird. Gusseisen eignet sich ebenfalls, doch ist es sehr schwer und erfordert wie Karbonstahl sorgfältige Pflege und Beschichtung. Ein Aluminium-Wok hingegen ist eine gute Wahl für Anfänger. Edelstahl-Woks sehen schön aus, doch bleiben die Zutaten häufig haften und brennen an, auch ist die Reinigung aufwendiger.

Für Familienportionen wird ein Wok mit einem oberen Durchmesser von etwa 35 cm benötigt. Ein Wok mit 25 cm Durchmesser ist für Single-Portionen oder zur Zubereitung von kleineren Gemüsemengen geeignet.

Zum Pfannenrühren empfehlen sich Woks mit langem hölzernem Stielgriff. Durch das Holz ist der Griff gut isoliert und wird nicht heiß. Einige Woks haben zwei Henkelgriffe anstelle eines langen Stielgriffs. Diese Typen eigenen sich vor allem zum Frittieren, Schmoren und Dämpfen.

Beschichten:

Ein neuer Wok aus Edelstahl oder Gusseisen sollte vor dem ersten Gebrauch abgeschrubbt werden, um Rost oder Schmieröl zu entfernen. Stellen Sie ihn dann bei mittlerer Hitze zum Trocknen auf den Herd, und reiben Sie ihn, solange er noch heiß ist, gründlich mit einem pflanzenölgetränkten Küchenpapier ein. Wiederholen Sie den Vorgang zwei- bis dreimal mit sauberem Küchenpapier. Lassen Sie den Wok auskühlen, spülen und trocknen Sie ihn dann erneut gründlich ab.

Reinigen und Pflege:

Spülen Sie den Wok nach dem Gebrauch nur mit heißem Wasser (ohne Spülmittel!) aus, sonst wird die Beschichtung ebenfalls entfernt. Trocknen Sie ihn dann bei mittlerer Hitze auf dem Herd, und reiben Sie ihn mit einem dünnen Fettfilm ein, damit er keinen Rost ansetzt.

Hackbeil

Ein Hackbeil hat eine feste rechteckige Klinge mit einer angeschrägten Kante. Es ist vielseitig einsetzbar, zum Beispiel zum Schneiden, Filettieren, Würfeln, Hacken, Zerdrücken von allerlei Zutaten. Die flache Seite der Klinge kann zum Plattieren oder zum einfacheren Transportieren von Zutaten vom Schneidebrett in den Wok genutzt werden.

Hackbeile gibt es in unterschiedlichen Größen und Materialien. Mit den schwersten lassen sich Knochen zerteilen, während sich leichtere Modelle besser zum Schneiden von Fleisch und Fisch sowie zur Gemüsevorbereitung eignen. Traditionelle Hackbeile sind aus Karbonstahl gefertigt, der allerdings rosten kann und sich nach dem Kontakt mit säurehaltigen Lebensmitteln verfärbt. Sie sollten eher abgewischt als abgespült werden. Mit einem dünnen Film Pflanzenöl können sie vor Rost geschützt werden.

Die besten modernen Hackbeile sind aus hochgehärtetem Edelstahl, der rostfrei ist und eine erstklassige Klinge hat.

Schneidebrett

Zu einer Küchengrundausstattung sollten mindestens zwei Schneidebretter zählen: eines für rohes Fleisch, Geflügel und Fisch und eines für Gemüse und Kräuter. Für Fleisch empfiehlt sich ein Kunststoffbrett, da es im heißen Spülwasser hygienisch gereinigt werden kann.

In China werden traditionell große, dicke Baumscheiben als Schneidebretter verwendet. Westliche Schneidebretter dagegen bestehen meist aus furniertem Holz und bekommen deshalb leicht Risse. Die stabilsten Schneidebretter sind aus Bambus oder einem glatten Stück Hartholz wie Ahorn, Buche oder Kirsche. Das Brett sollte etwa 4 cm dick sein, damit es langlebig ist und sich nicht verformt.

Dämpfer

Der traditionelle chinesische Bambus-Dämpfkorb hat kleine Löcher, durch die der Dampf entweichen kann – so saugen sich die Speisen nicht mit Wasser voll. Bambus-Dämpfer gibt es in unterschiedlichen Größen und lassen sich in einem Wok oder einem Topf mit kochendem Wasser stapeln, sodass mehrere Portionen gleichzeitig gegart werden können.

Kelle

Für das Garen im Wok verwenden die Chinesen ein spezielles Rührgerät. Es hat eine breite, flache Kelle, die ideal zum Wenden, Vermengen und Herausheben von Zutaten ist. Daneben wird auch ein Abseihlöffel aus Drahtgeflecht, ähnlich einem Schaumlöffel, verwendet, mit dem Frittiertes aus dem heißen Fett gehoben werden und schnell abtropfen kann.

GRUNDTECHNIKEN

Hacken

Frische Zutaten sollten in kleine, ungefähr gleich große Stücke geschnitten werden, damit alles gleichmäßig gart. Wenn Fleisch und Gemüse diagonal geschnitten werden, vergrößert sich die Oberfläche, die in Kontakt mit dem heißen Öl kommt, was den Garprozess beschleunigt.

Pfannenrühren

Bevor Sie loslegen, sollten Sie alle Zutaten abgemessen und vorbereitet neben den Herd stellen. Der Wok muss sehr heiß sein, bevor das Öl hineingegeben wird. Die Zutaten sollten ständig in Bewegung gehalten werden, damit sie gleichmäßig garen.

Frittieren

Füllen Sie geeignetes Öl mindestens 5 cm hoch in den Wok, und erhitzen Sie es bei mittlerer bis starker Hitze, bis es schwach zu rauchen beginnt. Frittieren Sie Ihre Speisen portionsweise; wenn der Wok zu voll ist, sinkt die Temperatur des Öls stark ab. Nehmen Sie das Frittierte heraus und lassen Sie sie es auf Küchenpapier abtropfen.

Schmoren

Schmoren ist die ideale Garmethode für zähere Fleischstücke und Hülsenfrüchte. Die Zutaten werden kurz angebraten und dann unter Zugabe von reichlich Flüssigkeit weitergegart.

Dämpfen

Diese Technik wird in China für die Zubereitung von ganzem Fisch, Klößen, Gemüse sowie Geflügel- und Fleischtaschen verwendet. Sie werden auf einen hitzebeständigen Teller oder in einen Einsatz aus Bambus oder Metall über einer kochenden Flüssigkeit im Dampf gegart. Der Deckel sollte möglichst dicht schließen. Je nach Größe und Festigkeit garen die Zutaten unterschiedlich lange.

WICHTIGE ZUTATEN

Für Wok-Gerichte werden eine Reihe von Gewürzen, Ölen und anderen Zutaten benötigt, von denen bestimmt einige schon in Ihrer Küche zu finden sind. Die meisten asiatischen Zutaten sind in jedem gut sortierten Supermarkt oder in asiatischen Lebensmittelgeschäften erhältlich. Speziellere Zutaten lassen sich auch über das Internet beziehen.

Alkohol zum Aromatisieren

Reiswein ist eine gängige Zutat in der chinesischen Küche. Er verleiht Marinaden und Gerichten ein volles, liebliches Aroma. Ein guter, heller trockener Sherry kann als Ersatz dienen.

Mirin ist eine süße japanische Reisweinmischung. Sie wird für Saucen und Marinaden verwendet und ist eine Grundzutat für die süßliche braune Teriyaki-Sauce, mit der gegrillte Gerichte glasiert werden.

Austernsauce

Diese dickflüssige braune Sauce mit kräftigem Aroma kommt insbesondere in der südchinesischen Küche zum Einsatz. Die aus fermentierten Austern, Sojasauce, Salz und Gewürzen hergestellte Würzsauce hat einen salzigen, leicht fischigen Geschmack, der beim Garen verfliegt. Im Kühlschrank hält sie sich mehrere Monate.

Babymaiskolben

Diese kleinen, knackigen Maiskolben mit dem süßen Aroma sind frisch oder aus der Dose erhältlich.

Bambussprossen

Werden meist im Glas oder in der Dose angeboten. Angebrochen halten sie sich in frischem Wasser in einem verschlossenen Gefäß bis zu einer Woche im Kühlschrank.

Bohnen, schwarze

Fermentierte kleine schwarze Sojabohnen mit kräftig-würzigem Aroma.

Bohnensauce

Wird aus fermentierten gelben oder schwarzen Sojabohnen, Mehl, Salz und Gewürzen hergestellt.

Fischsauce

Eine wässrig-braune salzige Sauce aus fermentiertem Fisch mit kräftigem Aroma. Die Sauce, vor allem in Südostasien verwendet, verleiht Gerichten ihr besonderes, volles Aroma. Der fischige Geschmack verfliegt beim Kochen. Kaufen Sie vorzugsweise kleine Flaschen, denn nach dem Öffnen sollte die Sauce, im Kühlschrank aufbewahrt, innerhalb einiger Wochen aufgebraucht werden.

Fünf-Gewürze-Pulver

Diese chinesische Gewürzmischung besteht meist aus Sternanis, Zimt, Nelken, Fenchelsamen und Sichuan-Pfeffer. Sie wird sparsam dosiert in Marinaden und Saucen verwendet. Luftdicht verschlossen hält sich das Pulver mindestens ein Jahr.

Hoisin-Sauce

Diese dickflüssige braune, süßlich-pikante Sauce wird aus fermentierter Sojabohnenpaste, Knoblauch, Essig, Zucker, Gewürzen und anderen Aromen hergestellt. Sie ist Zutat für Dips und kann als Glasur für Fleisch verwendet werden. Im Kühlschrank hält sie sich mehrere Monate.

Nudeln, getrocknete

Nudeln werden aus verschiedenen Mehlsorten wie Weizen, Reis, Mungbohnen oder Buchweizen hergestellt. Die Formen reichen von feinen Vermicelli bis hin zu breiten Bandnudeln. Beachten Sie bei der Zubereitung die Packungsanleitung, da die Garzeiten variieren.

Öle

Zum Pfannenrühren und Frittieren eignet sich Erdnussöl am besten. Es ist geschmacksneutral und lässt sich sehr hoch erhitzen. Rapsöl und Sonnenblumenöl sind ebenfalls geeignet.

Sesamöl hat ein volles, nussiges Aroma. Fertige Gerichte werden vor dem Servieren gerne mit ein paar Tropfen beträufelt. In kleinen Mengen kann es auch zusammen mit Erdnussöl zum Pfannenrühren verwendet werden.

Pfefferkörner, weiße

In China und Thailand wird weißer Pfeffer bevorzugt, weil gemahlener schwarzer Pfeffer als unansehnlich gilt. Verwenden Sie möglichst frisch gemahlenen Pfeffer, er hat ein intensiveres Aroma.

Pilze

Sind wegen ihrer Textur und ihres Geschmacks überaus geschätzt. Zu den chinesischen Pilzen zählen schwarze Pilze, darunter Mu-err- und Poku-Pilze sowie Shiitake-Pilze. Sie kommen frisch oder getrocknet in den Handel. Strohpilze werden auf Reisstroh gezüchtet und sind in Dosen oder getrocknet erhältlich.

Reisessig

Japanischer Reisessig ist bernsteinfarben und hat ein reines, säuerliches Aroma. Er wird zum Aromatisieren von Sushi-Reis eingesetzt. Weißer chinesischer Reisessig ist kräftiger, schmeckt aber ebenfalls zu Reis. Die braune Variante schmeckt fruchtiger und eignet sich bestens für Marinaden und Dressings. Schwarzer Reisessig ist milder und lieblicher; er wird für langsam gegarte karamellisierte Ente oder Schweinefleischgerichte verwendet.

Sojasauce

Diese aus der asiatischen Küche nicht wegzudenkende Sauce wird aus fermentierten Sojabohnen und Weizenmehl gewonnen und zum Kochen sowie bei Tisch verwendet. Helle Sojasauce passt besser zu Gemüse, Geflügel und Fisch, Suppen und Dips. Dunkle Sojasauce ist etwas dickflüssiger und würziger. Sie wird für Schmorgerichte mit dunkler Sauce verwendet, passt auch zu Rind und Lamm.

Shoyu ist eine japanische Sojasauce, die etwas süßer und nicht so salzig ist wie die helle chinesische Variante. Tamari ist eine kräftigere dunkle, weizenfreie japanische Sojasauce.

Sichuan-Pfeffer

Rötlich-braune Samenkapseln der Beeren des Sichuan-Pfefferstrauchs, die vor allem in Spezialitäten der Sichuan-Küche verwendet werden. Die Samenkapseln sind eher pikant als scharf, hinterlassen ein leichtes Taubheitsgefühl auf der Zunge und haben ein zitrusartiges Aroma.

Tamarinde

Wird aus dem Fruchtmark der Früchte des Tamarindenbaumes gewonnen. Es ist gepresst in Blöcken erhältlich, die in heißem Wasser aufgelöst werden, oder als Paste, die in Gläsern angeboten wird. Sie hat ein fruchtig-säuerliches Aroma.

Teigblätter

Wantan-Teigblätter sind dünne, glatte Teigquadrate aus Weizenmehl, Eiern und Wasser. Sie können mit würzigen Füllungen gefüllt und auf unterschiedliche Art geformt werden, bevor sie frittiert, gedämpft oder in Brühe gekocht werden. Die größeren, hauchdünnen Frühlingsrollen-Teigblätter werden aus Reis- oder Weizenmehl hergestellt.

Tofu

Cremeweißer Bohnenquark, der durch Gerinnung von Sojamilch hergestellt und zu Blöcken gepresst wird. Tofu kommt als weicherer Seidentofu oder fest in den Handel. Fester Tofu kann in Würfel geschnitten und gebraten werden, muss aber behutsam gegart werden, weil er durch zu kräftiges Rühren auseinanderfällt. Angebrochener Tofu hält sich in Lake oder mit Wasser abgedeckt einige Tage im Kühlschrank.

Wasserkastanien

Kleine, knackige Knollenfrüchte mit mildem Aroma, die geschält in Dosen erhältlich sind. Sie fügen Wok-Gerichten, Frühlingsrollen oder Nudelgerichten eine interessante Textur hinzu.

Zucker

In der herzhaften Küche wird Zucker eingesetzt, um das salzige Aroma von Fisch- oder Sojasaucen oder die Säure von Tamarindenpaste auszugleichen. In der südostasiatischen Küche kommt Palmzucker zum Einsatz. Er wird in kleine, braune Blöcke gepresst und hat ein ausgeprägtes karamellartiges Aroma.

BRÜHEN

Ganz wichtig für authentisch schmeckende Suppen ist die chinesische Brühe. Gewöhnlichen Brühen, ob frisch oder Instant, fehlt einfach das gewisse Etwas. Die in diesen Rezepten beschriebenen Brühen halten sich 4–5 Tage im Kühlschrank oder können portionsweise eingefroren und nach Bedarf wieder aufgetaut werden. Das ist besonders praktisch, wenn nur kleine Mengen Brühe benötigt werden, um einem Gericht ein besonderes asiatisches Aroma zu verleihen.

CHINESISCHE BRÜHE

Ergibt 1,5 Liter

Zutaten

900 g Hühnchenteile, grob zerkleinert
100 g Schweinerippchen
450 g gekochter Schinken oder ungeräuchertes Kasseler am Stück, ohne Schwarte
4 l Wasser
7-cm-Stück Ingwerwurzel, ungeschält und in dicke Scheiben geschnitten
1 Selleriestange, grob gehackt
1 Karotte, grob gehackt
3 große Frühlingszwiebeln, längs halbiert
2 TL chinesischer Reiswein oder trockener Sherry

1 Hühnchenteile, Rippchen und Schinken in einen großen Topf geben, knapp mit Wasser bedecken und rasch zum Kochen bringen. Das Wasser abgießen und die Fleischstücke in einem Sieb unter fließend kaltem Wasser abschrecken. Den Topf ausspülen.

2 Die Fleischstücke wieder in den Topf geben und mit den 4 Litern Wasser bedecken. Ingwer, Sellerie, Karotte und Frühlingszwiebeln dazugeben und langsam zum Kochen bringen. Dabei an die Oberfläche steigenden Schaum abschöpfen. Die Hitze reduzieren und die Brühe ohne Deckel 2 Stunden sehr sanft köcheln lassen.

3 Die Brühe durch ein Sieb in eine Schüssel gießen. Die festen Brühezutaten wegwerfen. Dann die Brühe durch ein mit Musselin ausgekleidetes Haarsieb wieder in den Topf passieren. Den Reiswein unterrühren. Die Brühe erneut zum Kochen bringen und 2–3 Minuten sanft köcheln lassen.

4 Die Brühe in kleinere Behälter füllen und abkühlen lassen. Die Fettschicht von der Oberfläche abschöpfen. Im Kühlschrank aufbewahren.

AROMATISCHE RINDERBRÜHE

Ergibt 1,5 Liter

Zutaten

1,5 kg Rindfleisch aus der Brust oder ausgelöste Beinscheiben
3 l Wasser
1 kleine Zwiebel, geviertelt
5-cm-Stück Ingwerwurzel, ungeschält und in dicke Scheiben geschnitten
5-cm-Stück Zimtstange
5 Sternanisfrüchte
1 TL schwarze Pfefferkörner
1 TL Salz

1 Das Fleisch in einen großen Topf geben, mit Wasser bedecken und rasch zum Kochen bringen. Das Wasser abgießen und das Fleisch in einem Sieb unter fließend kaltem Wasser abspülen. Den Topf ausspülen.

2 Das Fleisch wieder in den Topf geben und mit den 3 Litern Wasser bedecken. Zwiebel, Ingwer, Zimtstange, Sternanise, Pfeffer und Salz hinzufügen und langsam zum Kochen bringen. Dabei an die Oberfläche steigenden Schaum regelmäßig abschöpfen. Die Hitze reduzieren und die Brühe ohne Deckel 2 Stunden sehr sanft köcheln lassen.

3 Die Brühe durch ein Sieb in eine Schüssel gießen. Die festen Brühezutaten wegwerfen. Dann die Brühe durch ein mit Musselin ausgekleidetes Haarsieb in kleinere Behälter passieren und auskühlen lassen. Im Kühlschrank aufbewahren oder einfrieren und je nach Bedarf wieder auftauen.

SAUCEN ZUM DIPPEN UND GEWÜRZMISCHUNGEN

Zu vielen traditionellen chinesischen Gerichten werden Saucen zum Dippen und Gewürzmischungen serviert. Das Würzsalz ist ideal zur Verfeinerung von frittierten Gerichten.

FRÜHLINGSZWIEBELSAUCE

Zutaten
4 EL fein gehackte Frühlingszwiebel
4 EL fein gehackter frischer Ingwer
2 EL helle Sojasauce
1 TL Reisessig
4 EL Rapsöl

1 Die Zutaten in eine Schale geben und sorgfältig verrühren. Für eine glatte Sauce die Zutaten im Mixer pürieren.

SOJA-INGWER-SAUCE

Zutaten
3 EL Sojasauce
2 TL sehr fein gehackter frischer Ingwer

1 Sojasauce und Ingwer in einer Servierschale verrühren. Vor dem Servieren 15 Minuten ziehen lassen, damit sich die Aromen entfalten.

WÜRZSALZ

Zutaten
1 EL Sichuan-Pfeffer
1 TL weiße Pfefferkörner
5-cm-Stück Zimtstange, zerbrochen
2 Sternanisfrüchte
5 EL Meersalzflocken
1 TL Zucker

1 Beide Pfeffersorten, Zimt und Sternanise bei mittlerer Hitze in einem Wok unter Rütteln trocken rösten, bis der Sichuan-Pfeffer zu rauchen beginnt und sein Aroma freisetzt. Die Gewürze mit dem Salz in einer elektrischen Gewürzmühle oder in einem schweren Mörser zu einem groben Pulver verarbeiten. Den Zucker untermischen. In einem luftdicht schließenden Behälter hält sich die Würzmischung bis zu 2 Monate.

VORSPEISEN & SUPPEN

VIETNAMESISCHE RINDERSUPPE MIT NUDELN

Schalotten, Knoblauch und Ingwer im Mixer oder mit dem Stabmixer zu einem relativ glatten Püree verarbeiten.

Einen Wok auf mittlerer bis starker Stufe vorheizen, dann das Öl hineingeben und erhitzen. Das Schalottenpüree 2 Minuten unter Rühren anbraten, aber nicht anbrennen lassen. Die Fleischwürfel dazugeben und 1 Minute unter Rühren anbräunen. Mit 1 Liter Brühe ablöschen und kräftig aufkochen. Dabei an die Oberfläche steigenden Schaum abschöpfen. Die Pfefferkörner dazugeben. Die Hitze reduzieren und die Brühe 30–35 Minuten sanft köcheln lassen, bis das Fleisch zart ist.

Währenddessen die Nudeln in einer Schüssel mit reichlich lauwarmem Wasser bedecken und 15 Minuten quellen lassen oder nach Packungsanleitung zubereiten.

Wenn das Fleisch zart ist, die Feststoffe, die sich am Rand des Wok abgesetzt haben, wieder in die Brühe rühren. Restliche Brühe, Limettensaft, Fischsauce, Salz und Zucker unterrühren und einige weitere Minuten köcheln lassen.

Die Nudeln abtropfen lassen und auf Suppenschalen aufteilen. Fleisch und Brühe darübergeben. Mit den Garnierungszutaten bestreuen und sofort servieren.

FÜR 4 PERSONEN

4 Schalotten, gehackt

1 große Knoblauchzehe, gehackt

2 TL fein gehackter frischer Ingwer

1 EL Erdnussöl

450 g Rinderfilet, pariert, in 1 cm große Würfel geschnitten

1,3 l Aromatische Rinderbrühe (siehe Seite 16)

1 TL weiße Pfefferkörner, zerstoßen

150 g asiatische Reisbandnudeln

Saft von 1 Limette

2 TL Thai-Fischsauce

½ TL Salz

½ TL Zucker

Zum Garnieren

4 Frühlingszwiebeln, gehackt

1 frische rote Chili, in sehr feine Streifen geschnitten

3 EL frisch gehackter Koriander

3 EL frisch gehacktes Basilikum

Limettenscheiben

WANTANS MIT PILZ-FLEISCH-FÜLLUNG

ERGIBT 12–15 STÜCK

12–15 Wantan-Teigblätter

Erdnussöl, zum Frittieren

Soja-Ingwer-Sauce (siehe Seite 17), zum Servieren

Füllung

125 g mageres Rinderfilet oder Rumpsteak, durch den Fleischwolf gedreht oder sehr fein gehackt

1 Frühlingszwiebel, fein gehackt

2 Champignons, fein gehackt

1 kleine Knoblauchzehe, fein gehackt

½ TL fein gehackter frischer Ingwer

½ TL Sojasauce

¼ TL Salz

¼ TL frisch gemahlener weißer Pfeffer

1 große Prise chinesisches Fünf-Gewürze-Pulver

½ TL Speisestärke

1 Ei, verquirlt

Für die Füllung Fleisch, Frühlingszwiebel, Pilze, Knoblauch und Ingwer in einer Schüssel vermengen. Sojasauce, Salz, Pfeffer, Fünf-Gewürze-Pulver und Speisestärke zu einer dünnen Paste anrühren und in die Rindfleischmischung einarbeiten. Die Hälfte der Eimasse sorgfältig mit einer Gabel untermischen. (Den Rest für ein anderes Rezept verwenden.)

Die Wantan-Teigblätter als Rauten mit den Spitzen nach unten zeigend nebeneinander auf eine Arbeitsfläche legen. Mit einem sauberen, feuchten Küchentuch abdecken, damit sie nicht austrocknen. Die Wantans einzeln zubereiten: Dazu etwa 1 Teelöffel Füllung etwa 1 cm über der unteren Spitze auf das Teigblatt geben. Die untere Spitze über die Füllung schlagen und das Teigblatt zu zwei Dritteln aufrollen. Die seitlichen Spitzen mit Wasser befeuchten, über die Füllung schlagen und vorsichtig aufeinanderdrücken, sodass eine Art kleine Bischofsmütze entsteht. Die restlichen Zutaten auf dieselbe Weise verarbeiten.

Einen großen Wok auf starker Stufe vorheizen. Reichlich Öl hineingeben und auf 180 °C erhitzen (ein Brotwürfel bräunt darin in 30 Sekunden). Die Wantans portionsweise 4–5 Minuten goldbraun frittieren. Mit einer Küchenzange aus dem heißen Fett nehmen und auf zerknülltem Küchenpapier abtropfen lassen. Mit der Soja-Ingwer-Sauce servieren.

SUPPE MIT BAMBUS-SPROSSEN SCHARFSAUER

FÜR 4 PERSONEN

2 große Shiitake-Pilze

1,25 l Chinesische Brühe (siehe Seite 16)

120 g Schweinefilet, in feine Streifen geschnitten

20 g Bambussprossen in Scheiben aus der Dose, abgespült und abgetropft

100 g fester Tofu, in 1 cm große Würfel geschnitten

1 EL chinesischer Reiswein oder trockener Sherry

2 TL helle Sojasauce

1 EL Reisessig

1/4 TL frisch gemahlener weißer Pfeffer (nach Belieben)

Zum Garnieren

2 Frühlingszwiebeln mit etwas Grün, diagonal in Scheiben geschnitten

einige Tropfen Sesamöl

Die harten Pilzstiele entfernen und die Kappen in sehr feine Streifen schneiden. Die Streifen halbieren.

Die Brühe in einen großen Wok geben und kräftig aufkochen. Die Hitze reduzieren, die Pilze hinzufügen und 5 Minuten köcheln lassen. Fleisch, Bambussprossen und Tofu dazugeben und weitere 5 Minuten sanft köcheln. Reiswein, Sojasauce, Essig und Pfeffer unterrühren und noch 1 Minute köcheln lassen.

Die Suppe in Servierschalen füllen und mit den Frühlingszwiebeln und einigen Tropfen Sesamöl garnieren.

SPARERIBS IN SÜSSSAURER SAUCE

Für die Marinade alle Zutaten in eine Schüssel geben und verrühren, das Fleisch darin wenden und mindestens 20 Minuten marinieren.

Einen großen Wok auf starker Stufe vorheizen, reichlich Öl einfüllen und auf 180 °C erhitzen (ein Brotwürfel bräunt darin in 30 Sekunden). Die Spareribs darin 8 Minuten frittieren, dann abtropfen lassen und beiseitestellen.

Für die Sauce alle Zutaten in einer Schale verrühren und beiseitestellen.

In einem vorgeheizten Wok 1 Esslöffel Öl erhitzen. Paprika, Zwiebel und Karotte zugeben und 2 Minuten unter Rühren anbraten. Herausnehmen und beiseitestellen. Den Wok mit Küchenpapier sauber auswischen.

Den sauberen Wok wieder vorheizen, ½ Esslöffel Öl zugeben und erhitzen. Knoblauch und Ingwer darin schwenken, bis sie zu duften beginnen. Die Sauce unterrühren und zum Kochen bringen. Die Ananasstückchen unterheben. Spareribs und Gemüse wieder in den Wok geben und rühren, bis alle Zutaten heiß sind. Sofort servieren.

FÜR 4 PERSONEN

450 g Spareribs, in mundgerechte Stücke zerteilt (bitten Sie Ihren Metzger, das zu übernehmen)

Pflanzen- oder Erdnussöl, zum Frittieren

1½ EL Pflanzen- oder Erdnussöl

1 grüne Paprika, grob gehackt

1 kleine Zwiebel, grob gehackt

1 kleine Karotte, in feine Scheiben geschnitten

½ TL fein gehackter Knoblauch

½ TL fein gehackter frischer Ingwer

100 g Ananasstücke

Marinade

2 TL helle Sojasauce

½ TL Salz

1 Prise weißer Pfeffer

Sauce

3 EL weißer Reisessig

2 EL Zucker

1 EL helle Sojasauce

1 EL Tomatenketchup

FRITTIERTE TEIGTASCHEN MIT SCHWEINEFLEISCH

Das Schweinehackfleisch in eine Schüssel geben. Koriander, Knoblauch, Chili, 1 Esslöffel Speisestärke, Eiweiß und Salz zugeben und alles zu einer glatten Masse vermengen. Aus der Fleischmasse mit angefeuchteten Händen 16 etwa gleich große Bällchen formen.

Je ein Hackfleischbällchen in die Mitte jedes Teigblatts legen. In einer Schale die übrige Speisestärke mit dem Wasser zu einer Paste verrühren. Die Ränder der Teigblätter mit der Speisestärkepaste bestreichen. 8 Teigblätter diagonal zu Dreiecken falten und die Ränder festdrücken, die übrigen 8 zu Rechtecken falten und zusammendrücken.

Die Teigtaschen portionsweise nebeneinander in einen Dämpfer legen und 10–15 Minuten über siedendem Wasser dämpfen, bis das Fleisch gar ist.

Einen großen Wok auf starker Stufe vorheizen, reichlich Öl hineingießen und auf 180 °C erhitzen (ein Brotwürfel bräunt darin in 30 Sekunden). Die Teigtaschen vorsichtig hineingeben und in 2–3 Minuten goldbraun und knusprig frittieren. Herausnehmen und auf Küchenpapier abtropfen lassen.

Mit der Chilisauce heiß servieren.

ERGIBT 16 STÜCK

350 g Schweinehackfleisch

2 EL fein gehackter frischer Koriander

1 Knoblauchzehe, zerdrückt

1 frische grüne Chili, entkernt und gehackt

3 EL Speisestärke

1 Eiweiß

½ TL Salz

16 Wantan-Teigblätter

1 EL Wasser

Pflanzen- oder Erdnussöl, zum Frittieren

Chilisauce, zum Servieren

FRITTIERTE FRÜHLINGS-ROLLEN

ERGIBT 25 STÜCK

- 6 getrocknete chinesische Pilze, 20 Min. in warmem Wasser eingeweicht
- 1 EL Pflanzen- oder Erdnussöl
- 250 g Schweinehackfleisch
- 1 TL dunkle Sojasauce
- 100 g Bambussprossen aus der Dose, abgespült, abgetropft und in feine Stifte geschnitten
- 1 Prise Salz
- 100 g rohe Garnelen, ausgelöst und gehackt
- 250 g frische Bohnensprossen, abgespült und grob gehackt
- 1 EL fein gehackte Frühlingszwiebel
- 25 Frühlingsrollen-Teigblätter
- 1 Eiweiß, leicht verquirlt
- Pflanzen- oder Erdnussöl, zum Frittieren
- Chilisauce, zum Servieren

Die Pilze gut ausdrücken, die harten Stiele entfernen und die Kappen in feine Streifen schneiden.

Einen Wok auf mittlerer bis starker Stufe vorheizen, dann das Öl hineingießen und erhitzen. Das Hackfleisch zugeben und pfannenrühren, bis es anbräunt. Sojasauce, Bambussprossen, Pilze und Salz zugeben und alles bei starker Hitze 3 Minuten unter Rühren braten.

Die Garnelen zufügen und 2 Minuten mitbraten. Die Bohnensprossen zugeben und 1 weitere Minute garen. Den Wok vom Herd nehmen und die Frühlingszwiebel unterrühren. Abkühlen lassen.

Die Teigblätter mit der Spitze nach vorne zeigend auf eine Arbeitsfläche legen. Jeweils 1 Esslöffel Hackfleischmischung auf die untere Hälfte eines Teigblatts verteilen. Die untere Ecke darüberlegen. Die beiden Seiten einschlagen und das Päckchen fest aufrollen. Die obere Ecke mit Eiweiß bestreichen und andrücken. Die Rollen sollten eine Länge von etwa 10 cm haben.

Einen großen Wok auf starker Stufe vorheizen. Reichlich Öl hineingießen und auf 180 °C erhitzen (ein Brotwürfel bräunt darin in 30 Sekunden). Die Frühlingsrollen portionsweise etwa 5 Minuten goldbraun und knusprig frittieren. Mit Chilisauce heiß servieren.

HACKBÄLLCHEN MIT FRÜHLINGS-ZWIEBELSAUCE

ERGIBT 36 STÜCK

450 g Lammhackfleisch

1 Knoblauchzehe, fein gehackt

1 TL fein gehackter frischer Ingwer

1½ EL Sojasauce

1 TL chinesischer Reiswein oder trockener Sherry

½ TL Salz

½ TL Zucker

½ TL frisch gemahlener weißer Pfeffer

½ EL Speisestärke

1 Ei, verquirlt

2 EL Erdnussöl, zum Braten

frisch gehackter chinesischer Schnittlauch, zum Garnieren

Zum Servieren

in feine Streifen geschnittener Chinakohl

Frühlingszwiebelsauce (siehe Seite 17)

Hackfleisch, Knoblauch und Ingwer in eine Schüssel geben und vermengen. Sojasauce, Reiswein, Salz, Zucker, Pfeffer und Speisestärke in einer Schale zu einer dünnen Paste anrühren und zusammen mit dem Ei sorgfältig mit einer Gabel in die Hackfleischmischung einarbeiten. Zwischen den Handflächen walnussgroße Portionen zu Kugeln formen.

Einen Wok auf starker Stufe vorheizen, dann das Öl hineingeben und erhitzen. Kurz bevor es zu rauchen beginnt, die Fleischbällchen portionsweise hineingeben und 1½ Minuten rundum anbräunen. Auf zerknülltem Küchenpapier abtropfen lassen.

Die Fleischbällchen auf dem Chinakohl anrichten und mit Schnittlauch garnieren. Die Sauce in zwei kleine Servierschalen füllen und zu den Fleischbällchen reichen.

THAILÄNDISCHE HÜHNERSUPPE

FÜR 4–6 PERSONEN

250 g asiatische Eiernudeln

1 EL Maiskeimöl

4 Hähnchenoberschenkel, gehäutet, entbeint und gewürfelt

1 Bund Frühlingszwiebeln, in Ringe geschnitten, grüne und weiße Teile separat

2 Knoblauchzehen, gehackt

2-cm-Stück Ingwerwurzel, fein gehackt

850 ml Hühnerbrühe

170 ml Kokosmilch

3 TL rote Thai-Currypaste

3 EL feine Erdnusscreme

2 EL helle Sojasauce

Salz und Pfeffer

1 kleine rote Paprika, gehackt

60 g Erbsen, Tiefkühlware aufgetaut

Die Nudeln in eine flache Schüssel geben und 4 Minuten in kochendem Wasser oder nach Packungsanleitung garen.

Einen Wok auf mittlerer bis hoher Stufe vorheizen, dann das Öl hineingießen und erhitzen. Das gewürfelte Fleisch zugeben und 5 Minuten unter Rühren braten, bis die einzelnen Stücke gebräunt sind. Die weißen Teile der Frühlingszwiebeln, Knoblauch und Ingwer zugeben, 2 Minuten pfannenrühren. Hühnerbrühe, Kokosmilch, Currypaste, Erdnusscreme und Sojasauce einrühren.

Mit Salz und Pfeffer abschmecken. Kurz aufkochen, dann unter Rühren 8 Minuten köcheln lassen. Paprika, Erbsen und das Zwiebelgrün zufügen und 2 Minuten garen.

Die abgegossenen Nudeln untermischen und erhitzen. Die Hühnersuppe in vorgewärmte Suppentassen füllen.

GLASIERTE CHICKENWINGS

FÜR 4 PERSONEN

- 8 Hühnchenflügel, je in 2 Teile zerteilt
- 5 EL Erdnussöl
- 90 ml Chinesische Brühe (siehe Seite 16) oder Wasser
- 2 EL frisch gehackter Koriander

Marinade

- $1\frac{1}{2}$ EL chinesischer Reiswein oder trockener Sherry
- 1 EL Sojasauce
- 1 EL Reisessig
- $1\frac{1}{2}$ EL Zucker
- $\frac{3}{4}$ TL Salz
- 1 große Prise chinesisches Fünf-Gewürze-Pulver
- 3 EL Hoisin-Sauce
- 1 TL fein gehackter frischer Ingwer

Für die Marinade Reiswein, Sojasauce und Essig in einer Schale verrühren. Zucker, Salz und Fünf-Gewürze-Pulver dazugeben und rühren, bis sich Salz und Zucker aufgelöst haben. Hoisin-Sauce und Ingwer unterrühren.

Die Hühnchenflügel in eine flache Form legen, mit der Marinade übergießen und darin wenden. Bei Zimmertemperatur 1 Stunde oder im Kühlschrank über Nacht marinieren.

Einen Wok auf starker Stufe vorheizen, dann das Öl hineingeben und erhitzen. Kurz bevor es zu rauchen beginnt, die Hühnchenflügel samt Marinade hineingeben und 5 Minuten unter Rühren anbraten. Mit 4 Esslöffeln Brühe ablöschen und weitere 4 Minuten pfannenrühren.

Die Hühnchenflügel mit einer Küchenzange in eine vorgewärmte Servierschüssel geben und mit dem Koriander bestreuen. Das Bratfett zum größten Teil aus dem Wok abgießen und das verbleibende wieder erhitzen. Die restliche Brühe hineingeben und mit einem Holzlöffel rühren, bis die Sauce glatt und der Bratensatz darin gelöst ist. Die Sauce in eine Servierschale füllen und als Dip zu den Hühnchenflügeln reichen.

HÜHNCHEN KARA-AGE

FÜR 4 PERSONEN

6 Hähnchenoberschenkel (à 100 g), gehäutet und entbeint

4 EL japanische Sojasauce (Shoyu)

4 EL Mirin (japanischer Reiswein)

2 TL fein geriebener frischer Ingwer

2 Knoblauchzehen, zerdrückt

Öl, zum Frittieren

70 g Kartoffelmehl oder Speisestärke

1 Prise Salz

Zitronenspalten, zum Servieren

Das Hühnchenfleisch in große Würfel schneiden und in eine Schale geben. Sojasauce, Mirin, Ingwer und Knoblauch zufügen und die Hühnchenwürfel darin wenden. Mit Frischhaltefolie abdecken und mindestens 20 Minuten zum Marinieren kalt stellen.

Einen großen Wok auf starker Stufe vorheizen, mit reichlich Öl füllen und auf 180 °C erhitzen (ein Brotwürfel bräunt darin in 30 Sekunden).

Inzwischen Kartoffelmehl und Salz in einer Schüssel vermischen. Das Hühnchenfleisch aus der Marinade nehmen und gut abtropfen lassen. Im Kartoffelmehl wenden, dann das überschüssige Mehl abschütteln.

Die Hühnchenteile portionsweise 6 Minuten goldbraun und knusprig frittieren. Herausnehmen, auf Küchenpapier abtropfen lassen und warm halten, bis alle Hühnchenwürfel frittiert sind.

Heiß mit Zitronenspalten servieren.

ENTENSTREIFEN MIT GURKE

FÜR 4 PERSONEN

5-cm-Stück Salatgurke, geschält und in feine Scheiben geschnitten

1 EL Erdnussöl

1 EL Sesamöl

350 g Entenbrustfilet, mit Haut, in große Stücke geschnitten

1 große Schalotte, halbiert und in Scheiben geschnitten

2-cm-Stück Ingwerwurzel, in feine Stifte geschnitten

2 Frühlingszwiebeln, gehackt

Salz und Pfeffer

4 große Salatblätter, Mittelrippe entfernt

30 g geröstete Erdnüsse, grob gehackt

Sauce

2 TL Sojasauce

4 TL Austernsauce

2 TL chinesischer Reiswein oder trockener Sherry

3/4 TL Zucker

Die Gurkenscheiben aufeinanderstapeln und in feine Stifte schneiden. Alle Zutaten für die Sauce in eine Schüssel geben und rühren, bis sich der Zucker aufgelöst hat.

Einen Wok auf mittlerer bis starker Stufe vorheizen, dann beide Öle hineingeben und erhitzen. Die Entenbruststücke 4–5 Minuten anbraten, zunächst von der Hautseite, dann gelegentlich wenden, bis Haut und Fleisch knusprig sind. Mit einer Küchenzange auf ein Schneidebrett heben und etwas abkühlen lassen.

Die Hitze auf mittlere Stufe reduzieren. Schalotte und Ingwer im Bratfett etwa 2 Minuten unter Rühren goldbraun braten. Mit einem Schaumlöffel aus dem heißen Fett nehmen und auf Küchenpapier abtropfen lassen.

Die knusprige Haut von den Entenbruststücken entfernen und in Streifen schneiden. Das Fleisch von sämtlichem Fett befreien und in 5 mm breite Streifen schneiden.

Den Wok mit Küchenpapier sauber auswischen und bei mittlerer bis starker Hitze wieder auf den Herd setzen. Entenfleisch, Sauce und Frühlingszwiebeln hineingeben und 2 Minuten pfannenrühren, bis das Fleisch glasiert ist. Mit Salz und Pfeffer würzen und vom Herd nehmen.

Die Mischung auf die Salatblätter setzen und die Gurkenstreifen, Schalotten, Ingwer und Erdnüsse darauf verteilen. Zu Päckchen rollen und servieren.

THAILÄNDISCHE MEERESFRÜCHTE-SUPPE

FÜR 4 PERSONEN

1,25 l Fischfond

1 Stängel Zitronengras, längs halbiert

abgeriebene Schale von ½ Limette oder 1 Kaffir-Limettenblatt

2,5-cm-Stück Ingwerwurzel, in Scheiben geschnitten

¼ TL Chilipaste, plus etwas mehr zum Nachwürzen

200 g große rohe Garnelen, ausgelöst, aber mit Schwanzenden

4–6 Frühlingszwiebeln, in Ringe geschnitten

Salz

250 g ausgelöste Jakobsmuscheln (16–20 Stück)

2 EL frische Korianderblätter

frische rote Chiliringe, zum Garnieren

Fischfond, Zitronengras, Limettenschale, Ingwer und Chilipaste in einen Wok geben. Alles kurz aufkochen, dann die Hitze reduzieren und abgedeckt 10–15 Minuten köcheln lassen.

Die Garnelen der Länge nach halbieren, dabei das Schwanzende nicht durchschneiden.

Die Brühe abseihen, in den Topf zurückgießen und langsam erhitzen, aber nicht kochen. Die Frühlingszwiebeln zufügen und 2–3 Minuten mitgaren. Dann die Suppe salzen und nach Belieben mit Chilipaste nachwürzen.

Muscheln und Garnelen in die Suppe geben und 2 Minuten ziehen lassen.

Die fertige Meeresfrüchtesuppe in vorgewärmte Schalen füllen, dabei die Garnelen und Muscheln gleichmäßig verteilen. Die Suppe mit den Korianderblättern bestreuen und mit Chiliringen garniert sofort servieren.

PIKANTE THAI-SUPPE MIT GARNELEN

FÜR 4 PERSONEN

- 2 EL Tamarindenpaste
- 4 frische rote Vogelaugen-Chillies, sehr fein gehackt
- 2 Knoblauchzehen, zerdrückt
- 2,5-cm-Stück Galgantwurzel, sehr fein gehackt
- 4 EL Thai-Fischsauce
- 2 EL Palmzucker oder Zucker
- 8 frische Kaffir-Limettenblätter, grob zerzupft
- 1 l Fischfond
- 120 g Karotte, in sehr feine Scheiben geschnitten
- 170 g Süßkartoffel, gewürfelt
- 100 g Babymaiskolben, halbiert
- 3 EL frische Korianderblätter, grob gehackt
- 100 g Kirschtomaten, halbiert
- 220 g gekochte Garnelen, ausgelöst, aber mit Schwanzenden

Einen Wok auf starker Stufe erhitzen. Tamarindenpaste, Chillies, Knoblauch, Galgant, Fischsauce, Zucker, Limettenblätter und Fond hineingeben und unter ständigem Rühren zum Kochen bringen.

Die Hitze reduzieren und Karotten, Süßkartoffeln und Babymaiskolben dazugeben. Die Suppe 10 Minuten köcheln lassen, bis das Gemüse knackig gar ist. Koriander, Tomaten und Garnelen untermischen und 5 Minuten erhitzen.

Die Suppe in Servierschalen füllen und heiß servieren.

FRÜHLINGSROLLEN MIT LACHS & GARNELEN

Einen beschichteten Wok auf starker Stufe erhitzen. Den Lachs hineingeben und 1 Minute unter Rühren anbraten, dann mit einem Schaumlöffel auf einen Teller heben. Nun das Gemüse mit dem Fünf-Gewürze-Pulver in den Wok geben und im Bratensaft knackig gar dünsten. In einem Sieb abtropfen lassen, dann den abgekühlten Lachs und die Garnelen untermischen. Die Mischung sollte relativ trocken sein, damit die Frühlingsrollen nicht aufweichen.

Den Backofen auf 200 °C vorheizen. Die Lachs-Gemüse-Mischung in acht Portionen teilen und jeweils auf einem kurzen Teigblatt-Ende verteilen. Die Teigblätter aufrollen und dabei die Seiten einschlagen.

Die Frühlingsrollen auf ein beschichtetes Backblech legen und leicht mit Pflanzenöl besprühen. Mit dem Sesam bestreuen und im Ofen 12–15 Minuten goldbraun backen. Die Frühlingsrollen sofort mit der Pflaumensauce servieren.

ERGIBT 8 STÜCK

120 g Lachsfilet, in 3 mm große Würfel geschnitten

60 g frische Bohnensprossen

60 g Chinakohl, in feine Streifen geschnitten

20 g Frühlingszwiebeln, fein gehackt

60 g rote Paprika, in feine Streifen geschnitten

¼ TL Fünf-Gewürze-Pulver

60 g gekochte Garnelen, ausgelöst

4 Frühlingsrollen-Teigblätter, quer halbiert

Pflanzenölspray

¼ TL Sesamsaat

Pflaumensauce, zum Servieren

GARNELEN-TOASTS

ERGIBT 16 STÜCK

- 100 g rohe Garnelen, ausgelöst
- 2 Eiweiß
- 2 EL Speisestärke
- ½ TL Zucker
- 1 Prise Salz
- 2 EL frisch gehackter Koriander
- 2 Scheiben Weißbrot vom Vortag
- Pflanzen- oder Erdnussöl, zum Frittieren

Die Garnelen im Mörser oder mit der flachen Klinge eines großen Messers zerdrücken.

Garnelen, 1 Eiweiß und 1 Esslöffel Speisestärke vermengen. Zucker, Salz und Koriander unterrühren. Das zweite Eiweiß mit der restlichen Speisestärke verrühren.

Die Brotscheiben von den Rinden befreien und jede Scheibe in 8 Dreiecke schneiden. Eine Seite erst mit der Eiweiß-Speisestärke-Mischung, dann gleichmäßig mit einer teelöffelgroßen Portion Garnelenmasse bestreichen.

Einen großen Wok auf starker Stufe vorheizen, reichlich Öl zugießen und auf 180 °C erhitzen (ein Brotwürfel bräunt darin in 30 Sekunden). Die Garnelentoasts portionsweise mit der bestrichenen Seite nach oben etwa 2 Minuten frittieren. Dann wenden und weitere 2 Minuten goldgelb frittieren. Herausnehmen, auf Küchenpapier abtropfen lassen und warm servieren.

KNUSPRIGE SESAMGARNELEN

Mehl, Backpulver und Sesam in eine Schüssel geben und vermengen. Currypaste, Fischsauce und Wasser in einer separaten Schüssel verrühren. Nach und nach zum Mehl gießen und alles zu einem dickflüssigen Teig verrühren.

Einen großen Wok auf starker Stufe vorheizen, dann reichlich Öl einfüllen und auf 180 °C erhitzen (ein Brotwürfel bräunt darin in 30 Sekunden). Die Garnelen am Schwanz fassen, einzeln in den Teig tauchen und vorsichtig ins heiße Öl geben. 2–3 Minuten knusprig braun frittieren. Herausnehmen und auf Küchenpapier abtropfen lassen.

Sofort mit Chilisauce servieren.

FÜR 4 PERSONEN

120 g Mehl

1 TL Backpulver

3 EL geröstete Sesamsaat

1 TL rote Thai-Currypaste

1 EL thailändische Fischsauce

150 ml Wasser

Pflanzen- oder Erdnussöl, zum Frittieren

20 große, rohe Garnelen, ausgelöst, aber mit Schwanzenden

Chilisauce, zum Servieren

KNUSPRIGE KREBSFLEISCH-WANTANS

Für die Füllung Krebsfleisch, Wasserkastanien, Chili, Frühlingszwiebel, Speisestärke, Sherry, Sojasauce und Limettensaft in eine Schüssel geben und vermengen.

Die Teigblätter auf einer Arbeitsfläche ausbreiten und die Füllung in gleich großen Portionen in die Mitte geben.

Die Teigblätter am Rand mit etwas Wasser befeuchten und zu Dreiecken zusammenklappen. Die zwei spitzen Ecken mit etwas Wasser befeuchten, übereinanderschlagen und zusammendrücken.

Einen großen Wok auf starker Stufe vorheizen. Reichlich Öl hineingeben und auf 180 °C erhitzen (ein Brotwürfel bräunt darin in 30 Sekunden). Die Wantans portionsweise 2–3 Minuten goldbraun und knusprig frittieren. (Wenn zu viele auf einmal frittiert werden, sinkt die Öltemperatur zu stark ab und die Wantans werden nicht knusprig.)

Die Wantans mit einem Schaumlöffel aus dem heißen Fett nehmen und auf Küchenpapier abtropfen lassen. Sofort mit Schnittlauch und Limettenspalten garniert servieren.

ERGIBT 24 STÜCK

170 g weißes Krebsfleisch, abgetropft (Dosenware) oder aufgetaut (Tiefkühlware), zerteilt

50 g Wasserkastanien aus der Dose, abgespült, abgetropft und gehackt

1 kleine, frische rote Chili, gehackt

1 Frühlingszwiebel, gehackt

1 EL Speisestärke

1 TL trockener Sherry

1 TL helle Sojasauce

½ TL Limettensaft

24 Wantan-Teigblätter

Pflanzenöl, zum Frittieren

Zum Garnieren

frische Schnittlauchhalme

Limettenscheiben

CHINESISCHE GEMÜSESUPPE

FÜR 4–6 PERSONEN

120 g Chinakohl

2 EL Erdnussöl

220 g marinierter fester Tofu, in 1 cm große Würfel geschnitten

2 Knoblauchzehen, fein gehackt

4 Frühlingszwiebeln, diagonal in dünne Ringe geschnitten

1 Karotte, in feine Scheiben geschnitten

1 l Gemüsebrühe

1 EL chinesischer Reiswein

2 EL helle Sojasauce

1 TL Zucker

Salz und Pfeffer

Den Chinakohl in Streifen schneiden und beiseitestellen. Einen großen Wok auf starker Stufe vorheizen, dann das Öl hineingießen und erhitzen. Die Tofuwürfel zufügen und 4–5 Minuten unter Rühren anbräunen. Mit einem Schaumlöffel herausnehmen und auf Küchenpapier abtropfen lassen.

Knoblauch, Frühlingszwiebeln und Karotte in den Wok geben und 2 Minuten pfannenrühren. Brühe, Reiswein und Sojasauce zugießen, dann Zucker und Chinakohl zugeben. Bei mittlerer Hitze 1–2 Minuten garen.

Mit etwas Salz und Pfeffer abschmecken und den Tofu zugeben. Die Suppe in vorgewärmten Schalen servieren.

SUPPE MIT PILZEN & INGWER

FÜR 4 PERSONEN

20 g getrocknete chinesische Pilze

1 l heiße Gemüsebrühe

120 g Eierfadennudeln

2 TL Sonnenblumenöl

3 Knoblauchzehen, zerdrückt

2,5-cm-Stück Ingwerwurzel, fein gehackt

½ TL Tomatenketchup

1 TL helle Sojasauce

120 g frische Bohnensprossen

frische Korianderblätter, zum Garnieren

Die getrockneten chinesischen Pilze mindestens 30 Minuten lang in 300 ml heißer Gemüsebrühe einweichen. Die Pilze ausdrücken, die Stiele entfernen, dann die Kappen in Scheiben schneiden. Brühe aufbewahren.

Die Nudeln in einem Topf nach Packungsanleitung zubereiten. Abgießen, mit kaltem Wasser abschrecken, abtropfen lassen und beiseitestellen.

Einen Wok auf starker Stufe vorheizen, dann das Öl hineingießen und erhitzen. Knoblauch und Ingwer zufügen und rühren. Die Pilze zugeben und alles bei hoher Hitze 2 Minuten pfannenrühren.

Restliche und beiseitegestellte Gemüsebrühe hinzufügen und aufkochen. Ketchup und Sojasauce zugeben und gut vermischen.

Die Bohnensprossen einrühren und garen, bis sie zart sind. Die Nudeln auf Servierschalen verteilen und die Suppe darübergeben. Mit Korianderblättern garniert sofort servieren.

KNUSPRIGES „SEEGRAS“

FÜR 4 PERSONEN

250 g dunkelgrüne Wirsingblätter

Erdnussöl, zum Frittieren

1 TL Zucker

½ TL Salz

4 EL Mandelblättchen, zum Garnieren

Die dicken, harten Mittelrippen der Kohlblätter herausschneiden. Die Blätter waschen, sorgfältig abtropfen lassen und mit Küchenpapier trocken tupfen.

Einige Kohlblätter aufeinanderlegen und fest aufrollen. Mit einem sehr scharfen Messer quer in möglichst feine Streifen schneiden. Mit den restlichen Blättern ebenso verfahren. Die Streifen auf Küchenpapier ausbreiten und vollständig trocknen lassen.

Einen großen Wok auf starker Stufe vorheizen, dann reichlich Öl hineingeben und auf 180 °C erhitzen (ein Brotwürfel bräunt darin in 30 Sekunden). Den Wok vom Herd nehmen und die Hälfte der Kohlstreifen hineingeben. Den Wok wieder auf den Herd setzen und die Kohlstreifen frittieren, bis sie an die Oberfläche steigen und knusprig sind. Mit einem Schaumlöffel herausnehmen und auf Küchenpapier abtropfen lassen. Warm halten, bis alle Kohlstreifen frittiert sind.

Die Kohlstreifen in eine vorgewärmte Servierschüssel füllen. Zucker und Salz mischen, über das „Seegras“ streuen und locker untermischen.

Die Mandelblättchen im heißen Fett kurz frittieren. Mit einem Schaumlöffel herausnehmen und das „Seegras“ damit bestreuen. Warm oder kalt servieren.

VEGETARISCHE FRÜHLINGS-ROLLEN

ERGIBT 20 STÜCK

- 6 getrocknete chinesische Pilze, 20 Min. in warmem Wasser eingeweicht
- 60 g Glasnudeln, 20 Min. in warmem Wasser eingeweicht
- 2 EL Pflanzen- oder Erdnussöl
- 1 EL fein gehackter frischer Ingwer
- 100 g Karotten, in sehr feine Stifte geschnitten
- 100 g Weißkohl, fein gehobelt
- 1 EL fein gehackte Frühlingszwiebel
- 1 EL helle Sojasauce
- 80 g weicher Tofu, klein gewürfelt
- ½ TL Salz
- 1 Prise weißer Pfeffer
- 1 Prise Zucker
- 20 Frühlingsrollen-Teigblätter
- 1 Eiweiß, leicht verquirlt
- Pflanzen- oder Erdnussöl, zum Frittieren
- Sojasauce, zum Servieren

Die Pilze gründlich ausdrücken, die harten Stiele entfernen und die Kappen fein hacken. Die Nudeln abtropfen lassen und grob hacken.

Einen Wok auf mittlerer bis starker Stufe vorheizen, das Öl hineingeben und erhitzen. Den Ingwer darin schwenken, bis er zu duften beginnt. Die Pilze etwa 2 Minuten unter Rühren anbraten. Karotten, Kohl und Frühlingszwiebel zugeben und 1 Minute pfannenrühren. Glasnudeln und Sojasauce 1 Minute mitbraten. Den Tofu zufügen und 1 weitere Minute braten. Mit Salz, Pfeffer und Zucker abschmecken. Weiterrühren, bis die Karottenstifte gar, aber noch bissfest sind. Den Wok vom Herd nehmen und abkühlen lassen.

Die Teigblätter mit der Spitze nach vorne zeigend auf eine Arbeitsfläche legen. Jeweils 1 knappen Esslöffel Gemüsemischung auf die untere Hälfte eines Teigblatts verteilen. Die untere Ecke darüberlegen. Die beiden Seiten einschlagen und fest zu einem Päckchen aufrollen. Die obere Ecke mit Eiweiß bestreichen und andrücken. Die Rollen sollten eine Länge von etwa 10 cm haben.

Einen großen Wok auf starker Stufe vorheizen, reichlich Öl hineingießen und auf 180 °C erhitzen (ein Brotwürfel bräunt darin in 30 Sekunden). Die Frühlingsrollen portionsweise etwa 5 Minuten goldbraun und knusprig frittieren. Dazu Sojasauce als Dip reichen.

WANTANS

FÜR 4 PERSONEN

2 EL Pflanzen- oder Erdnussöl

6 Frühlingszwiebeln, gehackt

120 g Champignons, gehackt

60 g Prinzessbohnen, gehackt

60 g Maiskörner aus der Dose, abgetropft

1 Ei, verquirlt

3 EL Sojasauce

1 EL Palmzucker oder hellbrauner Zucker

½ TL Salz

24 Wantan-Teigblätter

1 Ei, verquirlt

Pflanzen- oder Erdnussöl, zum Frittieren

Pflaumen- oder Chilisauce, zum Servieren

Für die Füllung einen Wok auf starker Stufe vorheizen, dann das Öl hineingießen und erhitzen. Frühlingszwiebeln, Champignons und Bohnen darin 1–2 Minuten pfannenrühren. Den Mais zufügen und das Gemüse an den Rand schieben. Das Ei in den Wok gießen und unter Rühren leicht stocken lassen, dann das Gemüse mit dem Ei vermengen und Sojasauce, Zucker und Salz unterrühren. Den Wok vom Herd nehmen.

Die Wantan-Teigblätter auf eine Arbeitsplatte schichten. 1 Teelöffel Füllung auf die oberste Teighülle geben. Die Ränder mit etwas verquirltem Ei bestreichen und die Hülle diagonal zu einer dreieckigen Teigtasche falten. Mit den restlichen Teighüllen ebenso verfahren.

Einen großen Wok auf starker Stufe vorheizen. Reichlich Öl hineingießen und auf 180 °C erhitzen (ein Brotwürfel bräunt darin in 30 Sekunden). Die Teigtaschen portionsweise 3–4 Minuten goldbraun frittieren. Mit einem Schaumlöffel aus dem Wok nehmen und auf Küchenpapier abtropfen lassen. Warm halten, bis alle Wantans frittiert sind. Heiß mit Pflaumen- oder Chilisauce als Dip servieren.

EINGELEGTE GURKEN

FÜR 4 PERSONEN

1 EL Pflanzen- oder Erdnussöl

400 g Babygurken

500 ml weißer Reisessig

1 EL Salz

3 EL Zucker

3 frische rote Vogelaugen-Chillies, entkernt und fein gehackt

Einen Wok auf mittlerer bis starker Stufe vorheizen, dann das Öl hineingießen und erhitzen. Die Gurken zufügen und 3–5 Minuten anbraten, bis sie glänzen. Herausnehmen, abtropfen lassen und beiseitestellen. Die abgekühlten Gurken rundum mehrmals einstechen und in eine Auflaufform legen.

Essig, Salz, Zucker und Chillies in eine Schüssel geben, verrühren und über die Gurken gießen. Diese sollten ganz von der Marinade bedeckt sein. 24 Stunden ziehen lassen. Dann in Stücke schneiden und kalt servieren.

GEMÜSE & SALATE

PFANNEN-GERÜHRTES GEMÜSE

Einen Wok auf starker Stufe vorheizen, dann das Öl hineingießen und erhitzen. 6 gehackte Frühlingszwiebeln, Knoblauch und Ingwer zugeben und 30 Sekunden anbraten.

Brokkoliröschen, Paprika und Rotkohl zufügen und 2 Minuten pfannenrühren. Maiskolben und Pilze zugeben und weitere 2 Minuten pfannenrühren.

Zum Schluss Bohnensprossen und Wasserkastanien zufügen und alles weitere 2 Minuten garen. Die Sojasauce zugießen und gut verrühren.

Das Gemüse mit den restlichen Frühlingszwiebeln bestreuen und sofort servieren.

FÜR 4 PERSONEN

3 EL Sesamöl

8 Frühlingszwiebeln, fein gehackt

1 Knoblauchzehe, zerdrückt

1 EL frisch geriebener Ingwer

1 Brokkoli, in Röschen zerteilt

1 orange oder gelbe Paprika, grob gehackt

120 g Rotkohl, gehobelt

120 g Babymaiskolben

170 g große braune Champignons, in feine Scheiben geschnitten

200 g frische Bohnensprossen

250 g Wasserkastanien aus der Dose, abgespült und abgetropft

4 TL helle Sojasauce, oder nach Belieben

SÜSSSAURES GEMÜSE MIT CASHEWKERNEN

FÜR 4 PERSONEN

1 EL Pflanzen- oder Erdnussöl

1 TL Chiliöl

2 Zwiebeln, in Ringe geschnitten

2 Karotten, in feine Scheiben geschnitten

2 Zucchini, in feine Scheiben geschnitten

120 g Brokkoli, in Röschen zerteilt

120 g Champignons, in Scheiben geschnitten

120 g kleine Pak Choi, halbiert

2 EL brauner Zucker

2 EL Sojasauce

1 EL Reisessig

60 g Cashewkerne

Einen Wok auf starker Stufe vorheizen, dann beide Ölsorten hineingießen und erhitzen. Die Zwiebeln zufügen und 1–2 Minuten pfannenrühren, bis sie glasig werden.

Karotten, Zucchini und Brokkoli zugeben und 2 Minuten unter Rühren anbraten. Champignons, Pak Choi, Zucker, Sojasauce und Reisessig untermengen und unter Rühren weitere 1–2 Minuten mitgaren.

Inzwischen die Cashewkerne in einer Pfanne unter häufigem Rütteln ohne Fett anrösten. Das süßsaure Gemüse mit den Cashewkernen bestreuen und sofort servieren.

GEMÜSE MIT FRITTIERTEM BASILIKUM

FÜR 4 PERSONEN

2 EL Pflanzen- oder Erdnussöl

2 Knoblauchzehen, gehackt

1 Zwiebel, in Ringe geschnitten

120 g Babymaiskolben, diagonal halbiert

½ Salatgurke, geschält, halbiert, entkernt und in Scheiben geschnitten

220 g Wasserkastanien aus der Dose, abgespült und abgetropft

60 g Zuckererbsen

120 g Shiitake-Pilze, halbiert

1 rote Paprika, in feine Streifen geschnitten

1 EL hellbrauner Zucker

2 EL Sojasauce

1 EL thailändische Fischsauce

1 EL Reisessig

Pflanzen- oder Erdnussöl, zum Frittieren

8–12 frische Thai-Basilikumzweige

frisch gekochter Reis, zum Servieren

Einen Wok auf starker Stufe vorheizen, dann das Öl hineingeben und erhitzen. Knoblauch und Zwiebel darin unter Rühren 1–2 Minuten anbraten. Mais, Gurke, Wasserkastanien, Zuckererbsen, Pilze und Paprika zugeben und das Gemüse 2–3 Minuten unter Rühren braten, bis es bissfest ist.

Zucker, Sojasauce, Fischsauce und Essig zugeben und unter Rühren aufkochen. 1–2 Minuten köcheln lassen.

Inzwischen das Öl für das Basilikum in einem sauberen Wok erhitzen. Die Basilikumzweige ins heiße Öl geben und 20–30 Sekunden knusprig frittieren. Mit einem Schaumlöffel herausnehmen und auf Küchenpapier abtropfen lassen.

Das gemischte Gemüse mit dem knusprigen Basilikum garnieren und sofort servieren. Dazu den gekochten Reis reichen.

BAMBUS-SPROSSEN MIT TOFU

Die Pilze gut ausdrücken, die harten Stiele entfernen und die Kappen in feine Streifen schneiden. Den Pak Choi in einem großen Topf mit kochendem Wasser 30 Sekunden blanchieren. Abtropfen lassen und beiseitestellen.

Einen großen Wok auf starker Stufe vorheizen, reichlich Öl einfüllen und auf 180 °C erhitzen (ein Brotwürfel bräunt darin in 30 Sekunden). Die Tofuwürfel darin goldbraun frittieren. Herausnehmen, abtropfen lassen und beiseitestellen.

Einen Wok auf starker Stufe vorheizen, dann 1 Esslöffel Öl zufügen und erhitzen. Pilze und Pak Choi unter Rühren darin anbraten. Tofu und Bambussprossen mit Austern- und Sojasauce zufügen. Unter Rühren gut erhitzen. Sofort servieren.

FÜR 4–6 PERSONEN

3 getrocknete chinesische Pilze, 20 Min. in warmem Wasser eingeweicht

60 g Baby-Pak-Choi

Pflanzen- oder Erdnussöl, zum Frittieren

1 EL Pflanzen- oder Erdnussöl

450 g fester Tofu, in 2,5 cm große Würfel geschnitten

60 g Bambussprossen, frisch oder aus der Dose, abgespült, abgetropft und in feine Streifen geschnitten (frische Sprossen in Wasser 30 Min. kochen)

1 TL Austernsauce

1 TL helle Sojasauce

GEBRATENE BOHNENSPROSSEN

Einen Wok auf mittlerer bis starker Stufe vorheizen, dann das Öl zugießen und erhitzen. Bohnensprossen und Frühlingszwiebeln zugeben und etwa 1 Minute unter Rühren braten. Mit Salz und Zucker würzen. Die Sprossen in eine Servierschale füllen und sofort servieren.

FÜR 4 PERSONEN

1 EL Pflanzen- oder Erdnussöl

250 g frische Bohnensprossen

2 EL fein gehackte Frühlingszwiebeln

½ TL Salz

1 Prise Zucker

SCHARFE GRÜNE BOHNEN

FÜR 4 PERSONEN

200 g Prinzessbohnen, diagonal in 2–3 Stücke geschnitten

2 EL Pflanzen- oder Erdnussöl

4 getrocknete Chillies, in 2–3 Stücke geschnitten

½ TL Sichuan-Pfefferkörner

1 Knoblauchzehe, in feine Scheiben geschnitten

6 dünne Scheiben Ingwerwurzel

2 Frühlingszwiebeln (nur die weißen Teile), diagonal in dünne Ringe geschnitten

1 Prise Meersalz

Die Bohnen in einem großen Topf mit kochendem Wasser 10 Minuten kochen. Abtropfen lassen und beiseitestellen.

Einen Wok auf mittlerer bis starker Stufe vorheizen, dann 1 Esslöffel Öl zugeben und erhitzen. Die Bohnen darin bei geringer Hitze etwa 8 Minuten pfannenrühren. Aus dem Wok nehmen und beiseitestellen.

Das restliche Öl im Wok erhitzen. Chillies und Pfeffer darin schwenken, bis sie zu duften beginnen. Knoblauch, Ingwer und Frühlingszwiebeln zugeben und unter Rühren braten, bis sie weich werden. Die Bohnen mit dem Salz wieder in den Wok geben, alles kurz vermengen und sofort servieren.

BROKKOLI MIT SESAM

Einen Wok auf mittlerer bis starker Stufe vorheizen, dann das Öl hineingießen und erhitzen. Die Brokkoliröschen zugeben und 4–5 Minuten pfannenrühren.

Sojasauce, Speisestärke, Zucker, Ingwer, Knoblauch und Chili in eine kleine Schüssel geben und verrühren. Die Mischung über den Brokkoli gießen. Die Hitze reduzieren und 3 Minuten unter Rühren köcheln lassen, bis die Flüssigkeit andickt.

Das Gemüse in eine Schüssel geben, mit dem Sesam bestreuen und sofort servieren.

FÜR 4 PERSONEN

- 2 EL Pflanzenöl
- 2 Brokkoli, in Röschen zerteilt
- 2 EL Sojasauce
- 1 TL Speisestärke
- 1 EL Zucker
- 1 TL frisch geriebener Ingwer
- 1 Knoblauchzehe, zerdrückt
- 1 Prise scharfe Chiliflocken
- 1 TL geröstete Sesamsaat, zum Garnieren

BLUMENKOHL & BOHNEN MIT CASHEWKERNEN

Einen Wok auf mittlerer bis starker Stufe vorheizen, dann beide Öle hineingeben und erhitzen. Zwiebel und Knoblauch darin pfannenrühren, bis sie glasig sind. Die Currypaste zugeben und 1–2 Minuten mitrühren.

Blumenkohl und Bohnen zugeben und unter Rühren 5–6 Minuten anbraten, bis sie gerade weich werden. Brühe und Sojasauce zugießen und alles 1–2 Minuten köcheln lassen. Mit den Cashewkernen garnieren und sofort servieren.

FÜR 4 PERSONEN

1 EL Pflanzen- oder Erdnussöl

1 EL Chiliöl

1 Zwiebel, gehackt

2 Knoblauchzehen, gehackt

2 EL rote Thai-Currypaste

1 kleiner Blumenkohl, in Röschen zerteilt

170 g Prinzessbohnen, in 7 cm lange Stücke geschnitten

150 ml Gemüsebrühe

2 EL Sojasauce

50 g Cashewkerne, geröstet, zum Garnieren

KARTOFFELN MIT KORIANDER

FÜR 6–8 PERSONEN

- 4 Kartoffeln, geschält und in große Stücke geschnitten
- Pflanzen- oder Erdnussöl, zum Braten
- 100 g durchwachsenes Schweinefleisch, fein gewürfelt oder gehackt
- 1 grüne Paprika, fein gehackt
- 1 EL fein gehackte Frühlingszwiebel (nur der weiße Teil)
- 2 TL Salz
- ½ TL weißer Pfeffer
- 1 Prise Zucker
- 2–3 EL Kartoffelkochwasser
- 2 EL frisch gehackter Koriander

Die Kartoffeln in einem großen Topf mit kochendem Wasser 15–25 Minuten kochen, bis sie gar sind. Die Kartoffeln abtropfen lassen, dabei etwas Kochwasser auffangen.

Einen Wok auf mittlerer bis starker Stufe vorheizen, dann reichlich Öl hineingeben und erhitzen. Die Kartoffeln darin goldbraun braten, herausnehmen und gut abtropfen lassen.

Einen sauberen Wok auf mittlerer bis starker Stufe vorheizen, dann 1 Esslöffel Öl hineingeben und erhitzen. Schweinefleisch, Paprika und Frühlingszwiebel 1 Minute unter Rühren anbraten. Mit Salz, Pfeffer und Zucker würzen und 1 Minute pfannenrühren.

Kartoffelstücke und Kochwasser hinzufügen und weitere 2–3 Minuten pfannenrühren, bis die Kartoffeln wieder heiß sind. Den Koriander unterheben und sofort servieren.

SICHUAN-AUBERGINEN

FÜR 4 PERSONEN

Pflanzen- oder Erdnussöl, zum Braten

4 Auberginen, längs halbiert und diagonal in 5 cm dicke Stücke geschnitten

1 EL Chili-Bohnen-Sauce

2 TL fein gehackter frischer Ingwer

2 TL fein gehackter Knoblauch

2–3 EL Hühnerbrühe

1 TL Zucker

1 TL helle Sojasauce

3 Frühlingszwiebeln, fein gehackt

Einen Wok auf mittlerer bis starker Stufe vorheizen, dann 2 Esslöffel Öl hineingeben und erhitzen. Die Auberginenstücke darin 3–4 Minuten pfannenrühren, bis sie leicht gebräunt sind. Herausnehmen, auf Küchenpapier abtropfen lassen und beiseitestellen.

Einen sauberen Wok auf mittlerer bis starker Stufe vorheizen, dann 2 Esslöffel Öl hineingießen und erhitzen. Die Chili-Bohnen-Sauce darin unter schnellem Rühren anbraten. Ingwer und Knoblauch zugeben und pfannenrühren, bis sie zu duften beginnen. Brühe, Zucker und Sojasauce unterrühren, dann die Auberginen zurück in den Wok geben und alles einige Minuten köcheln lassen. Die Frühlingszwiebeln unterheben und das Gericht sofort servieren.

KÜRBISGEMÜSE

FÜR 2 PERSONEN

1 Butternusskürbis (500 g)

6 große Shiitake-Pilze

5 EL Rapsöl

½ TL weiße Pfefferkörner, zerstoßen

½ TL Koriandersamen, zerstoßen

Meersalzflocken

2 große Knoblauchzehen, in feine Scheiben geschnitten

fein abgeriebene Schale von ½ Zitrone

½ EL Reisessig

4 EL Hühner- oder Gemüsebrühe

2 große Handvoll Babyspinatblätter, geputzt

frisch gehackter Koriander, zum Garnieren

Den Kürbis der Länge nach halbieren und die Hälften schälen. Den rundlichen Teil vierteln. Kerne und Fasern herauslösen und längs in feine Scheiben schneiden. Den oberen Teil längs halbieren, dann quer in Scheiben schneiden.

Die Pilzstiele entfernen und die Kappen in feine Streifen schneiden.

Einen Wok bei mittlerer bis starker Stufe vorheizen, dann das Öl hineingeben und erhitzen. Die Hälfte von Pfeffer und Koriander hineingeben und einige Sekunden pfannenrühren, dann den Kürbis in kleinen Portionen dazugeben und 5–7 Minuten braten, dabei vorsichtig mit einer Küchenzange wenden, bis die Scheiben leicht gebräunt und gar sind. Mit Meersalz bestreuen. Mit einem Schaumlöffel herausnehmen und in ein großes Sieb über einer Schüssel geben, um das Öl aufzufangen.

Die Pilze in etwas Kürbisbratöl im Wok 4–5 Minuten unter Rühren anbraten. Knoblauch und Zitronenschale dazugeben und 1 Minute pfannenrühren. Mit Meersalzflocken bestreuen. Restlichen Pfeffer und Koriander unterheben. Mit dem Kürbis mischen.

Das restliche Kürbisbratöl in den Wok geben. Essig und Brühe dazugeben und einige Sekunden köcheln lassen, bis die Sauce leicht reduziert ist.

Den Spinat auf Servierteller verteilen. Das Kürbisgemüse darauf anrichten und mit der Sauce beträufeln. Mit frischem Koriander bestreuen und sofort servieren.

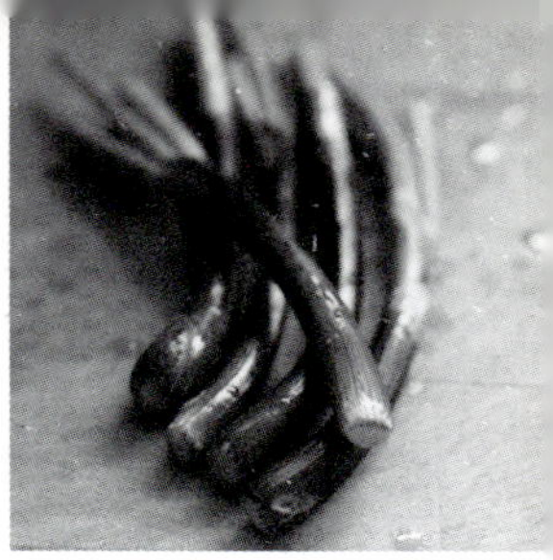

TOFU MIT BOHNEN-SPROSSEN

FÜR 2–3 PERSONEN

1½ EL helle Sojasauce

1 EL Austernsauce

2 EL Hühnerbrühe oder Chinesische Brühe (siehe Seite 16)

Erdnussöl, zum Frittieren

350 g fester Tofu, gewürfelt

Salz und Pfeffer

2 große Knoblauchzehen, in feine Scheiben geschnitten

120 g Zuckererbsen, geputzt und diagonal halbiert

4 Frühlingszwiebeln, diagonal in 2,5 cm lange Stücke geschnitten

120 g frische Bohnensprossen

Zum Garnieren

½ Bund frischer chinesischer Schnittlauch oder Gartenschnittlauch, in 2,5 cm lange Stücke geschnitten

einige Tropfen Sesamöl

Sojasauce, Austernsauce und Brühe in eine kleine Schüssel geben und verrühren.

Einen Wok auf starker Stufe vorheizen, dann reichlich Öl hineingeben und auf 180 °C erhitzen (ein Brotwürfel bräunt darin in 30 Sekunden). Den Tofu hineingeben und unter gelegentlichem vorsichtigem Wenden 5–7 Minuten goldbraun frittieren. Mit einem Schaumlöffel herausnehmen und auf Küchenpapier abtropfen lassen. Mit Salz und frisch gemahlenem schwarzem Pfeffer würzen.

Das Öl aus dem Wok in eine Schüssel abgießen. Den Wok sauber auswischen und wieder erhitzen. Dann 1 Esslöffel Öl erhitzen (das restliche Öl kann für ein anderes Gericht verwendet werden). Den Knoblauch dazugeben und einige Sekunden unter Rühren anbraten, um das Öl zu aromatisieren. Zuckererbsen und Frühlingszwiebeln zugeben und 2 Minuten pfannenrühren.

Bohnensprossen und Saucenmischung dazugeben und 1 Minute unter Rühren braten. Die Tofuwürfel unterheben. Mit Schnittlauch und einigen Tropfen Sesamöl garnieren und sofort servieren.

RINDFLEISCH MIT SICHUAN-DRESSING

Das Fleisch in dünne, 1 cm x 4 cm breite Streifen schneiden und in eine Schüssel geben. Die Zutaten für die Marinade verrühren und über das Fleisch gießen. Bei Zimmertemperatur 30 Minuten oder im Kühlschrank bis zu 2 Tage marinieren.

Die Nudeln in einem Topf mit kochendem Wasser 4 Minuten garen oder nach Packungsanleitung zubereiten. Dann abgießen, erkalten lassen und in kleine Stücke schneiden. Die Zutaten für das Dressing in einer Schale gut verrühren. Nudeln, Zwiebel, Radieschen und Salatblätter in einer großen Schüssel vermengen. Das Dressing nochmals kurz verrühren und zwei Drittel über den Salat gießen und unterheben. Den Salat auf Serviertellern anrichten.

Einen Wok auf mittlerer bis starker Stufe erhitzen. Erdnussöl und Sichuan-Pfeffer hineingeben und einige Sekunden rühren, um das Öl zu aromatisieren. Die Rindfleischstreifen samt Marinade dazugeben und 4–5 Minuten unter Rühren anbraten, bis sie karamellisiert sind. Mit einem Schaumlöffel herausnehmen und auf den Salatportionen anrichten. Mit dem restlichen Dressing beträufeln.

FÜR 4 PERSONEN

350 g Rinderfiletsteak, pariert

100 g asiatische Eiernudeln

1 kleine rote Zwiebel, halbiert und in Scheiben geschnitten

6 Radieschen, in Scheiben geschnitten

4 große Handvoll Rucola oder Mitzuna

1½ EL Erdnussöl

1 TL Sichuan-Pfeffer, zerstoßen

Marinade

4 TL chinesischer Reiswein oder trockener Sherry

½ EL Sojasauce

4 TL Zucker

2 EL Hoisin-Sauce

2,5-cm-Stück Ingwerwurzel, in einer Knoblauchpresse zerdrückt

Dressing

2 TL Sichuan-Pfeffer, zerstoßen

1½ EL helle Sojasauce

1½ EL Reisessig

2 EL kalt gepresstes Sesamöl

SALAT MIT MARINIERTEM SCHWEINEFLEISCH

FÜR 4 PERSONEN

450 g Schweinefilet

6 Frühlingszwiebeln, längs halbiert und in 3 Stücke geteilt

1 Salatgurke

4 Handvoll in feine Streifen geschnittener Eisbergsalat

20 g Korianderblätter

10 g Minzeblätter

4 EL trocken geröstete Erdnüsse, grob gehackt

fein abgeriebene Schale von 1 Limette

1 TL Salz

1 TL Zucker

2 TL Sesamöl

1 EL Erdnussöl

Marinade

2 kleine, frische rote Chillies, entkernt und sehr fein gehackt

4 EL Zucker

3 EL thailändische Fischsauce

4 EL Limettensaft

4 EL Reisessig

Das Schweinefilet gut parieren und diagonal in feine Scheiben schneiden. Die Scheiben der Länge nach halbieren. Mit den Frühlingszwiebeln in eine Schüssel geben.

Die Gurke schälen, längs halbieren und die Kerne herauslösen. Diagonal in feine Scheiben schneiden und in eine zweite Schüssel geben.

Für die Marinade Chillies und Zucker in einem Mörser zu einer wässrig-roten Paste zerreiben. Fischsauce, Limettensaft und Reisessig einarbeiten, bis sich der Zucker aufgelöst hat. Eine Hälfte über das Schweinefleisch, die andere über die Gurken gießen. Beides 1 Stunde marinieren. Die Gurken abtropfen lassen und die Marinade auffangen.

Salat, Koriander und Minze in eine Schüssel geben und vermengen. Dann auf Serviertellern anrichten. Die Gurkenscheiben darauf verteilen und mit der aufgefangenen Marinade beträufeln.

Erdnüsse mit Limettenschale, Salz und Zucker mischen.

Das Fleisch abtropfen und die Marinade entsorgen. Einen Wok auf starker Stufe vorheizen, dann beide Öle hineingeben und erhitzen. Das Fleisch darin 5 Minuten unter Rühren anbraten, bis es gar und leicht gebräunt ist. Auf den Salatportionen anrichten und mit der Erdnussmischung garnieren. Sofort servieren.

CHINESISCHER HÜHNCHENSALAT

FÜR 4 PERSONEN

500 g Hähnchenbrustfilet, in mundgerechte Stücke geschnitten

2 TL Sojasauce

¼ TL frisch gemahlener weißer Pfeffer

2 EL Erdnussöl, plus Öl zum Frittieren

50 g Reis-Vermicelli

½ Chinakohl, in feine Streifen geschnitten

3 Frühlingszwiebeln, diagonal in Ringe geschnitten

40 g ganze Mandeln, grob gehackt

2 TL Sesamsaat, zum Garnieren

Dressing

5 EL natives Olivenöl extra

3 EL Reisessig

3 EL helle Sojasauce

einige Tropfen Sesamöl

Salz und Pfeffer

Das Hühnchenfleisch mit Sojasauce beträufeln und mit dem Pfeffer bestreuen. Die Zutaten für das Dressing in einer kleinen Schüssel sorgfältig verrühren.

Einen Wok auf starker Stufe vorheizen, dann das Erdnussöl hineingeben und erhitzen. Das Hühnchenfleisch darin 4–5 Minuten unter Rühren anbraten, bis es knusprig braun ist. Herausnehmen, auf Küchenpapier abtropfen und auskühlen lassen. Den Wok mit Küchenpapier sauber auswischen.

Ausreichend Erdnussöl zum Frittieren in den Wok gießen und auf 180 °C erhitzen (ein Brotwürfel bräunt darin in 30 Sekunden). Die Reisnudeln portionsweise frittieren, bis sie gepufft und knusprig sind. Herausnehmen und auf Küchenpapier abtropfen lassen.

Die Kohlstreifen auf eine Servierplatte geben. Die Nudeln darauf anhäufen. Hühnchenfleisch, Frühlingszwiebeln und Mandeln ringsum verteilen. Das Dressing nochmals kurz verrühren und über den Salat träufeln. Mit dem Sesam bestreuen und sofort servieren.

HÜHNCHENSALAT MIT INGWER & GEMÜSE

Das Hühnchenfleisch in 2,5 cm große Würfel schneiden. Frühlingszwiebeln, Ingwer, zerdrückten Knoblauch und 2 Esslöffel Öl in eine flache Schüssel geben und vermengen, das Fleisch hinzugeben und alles gut mischen. Mindestens 3 Stunden marinieren. Das Fleisch aus der Marinade nehmen und beiseitestellen.

Einen Wok auf starker Stufe vorheizen, dann das restliche Öl hineingeben und erhitzen. Die Zwiebel 1–2 Minuten darin anbraten, dann gehackten Knoblauch, Babymaiskolben, Zuckererbsen und Paprika zugeben. Alles 2–3 Minuten pfannenrühren, bis das Gemüse bissfest ist. Gurke, die Hälfte der Sojasauce, Zucker und Basilikum zugeben und vorsichtig unterheben.

Die Nudeln 2–3 Minuten oder nach Packungsanleitung in Wasser quellen lassen, bis sie weich sind, dann abgießen und abtropfen lassen. Mit der restlichen Sojasauce beträufeln und auf 4 Teller verteilen. Das Gemüse darübergeben.

Falls nötig, noch etwas Öl in den Wok geben und die Hühnchenwürfel bei starker Hitze rundum anbraten, bis das Fleisch goldbraun und durchgegart ist. Die Marinade zufügen und alles kurz pfannenrühren. Das Fleisch auf dem Salat anrichten und heiß oder lauwarm servieren.

FÜR 4 PERSONEN

- 4 Hähnchenbrustfilets
- 4 Frühlingszwiebeln, gehackt
- 2,5-cm-Stück Ingwerwurzel, fein gehackt
- 4 Knoblauchzehen, 2 davon zerdrückt, 2 gehackt
- 3 EL Pflanzen- oder Erdnussöl, plus eventuell etwas mehr zum Braten
- 1 Zwiebel, in Ringe geschnitten
- 120 g Babymaiskolben, halbiert
- 120 g Zuckererbsen, längs halbiert
- 1 rote Paprika, in Streifen geschnitten
- 7,5-cm-Stück Salatgurke, geschält, entkernt und in Scheiben geschnitten
- 4 EL Sojasauce
- 1 EL hellbrauner Zucker
- einige frische Thai-Basilikumblätter
- 180 g dünne asiatische Eiernudeln

REISSALAT MIT PUTE

Die Hühnerbrühe bis auf 3 Esslöffel in einem großen Topf zum Kochen bringen. Den Reis hineingeben und 30 Minuten kochen, bis er gar ist. Abtropfen und etwas abkühlen lassen.

Einen Wok auf starker Stufe vorheizen, dann 1 Esslöffel Öl hineingeben und erhitzen. Die Putenstreifen bei mittlerer Hitze 3–4 Minuten unter Rühren gar braten. Mit einem Schaumlöffel herausnehmen und in eine Schüssel geben. Zuckererbsen und Pilze in den Wok geben und 1 Minute pfannenrühren. Mit der restlichen Brühe ablöschen und zum Kochen bringen. Die Hitze reduzieren und bei geschlossenem Deckel 3–4 Minuten dünsten. Das Gemüse in eine Schüssel geben und etwas abkühlen lassen.

Reis, Putenstreifen, Zuckererbsen, Pilze, Nüsse, Koriander und Schnittlauch zugeben und sorgfältig vermengen. Mit Salz und Pfeffer abschmecken. Mit dem restlichen Maiskeimöl und dem Essig beträufeln und mit Schnittlauchhalmen garnieren. Warm servieren.

FÜR 4 PERSONEN

1 l Hühnerbrühe

200 g Langkorn-Wildreis-Mix

2 EL Maiskeimöl

250 g Putenbrust, pariert und in feine Streifen geschnitten

120 g Zuckererbsen

120 Austernpilze, in Stücke geschnitten

30 g Pistazienkerne, fein gehackt

2 EL frisch gehackter Koriander

1 EL frisch gehackter chinesischer Schnittlauch, plus einige Halme mehr zum Garnieren

Salz und Pfeffer

1 EL Balsamico-Essig

ENTENSALAT

FÜR 4 PERSONEN

4 Entenbrustfilets, mit Haut

1 Stängel Zitronengras, in 3 Stücke zerteilt und jeweils längs halbiert

3 EL Pflanzen- oder Erdnussöl

2 EL Sesamöl

1 TL thailändische Fischsauce

1 frische grüne Chili, entkernt und gehackt

2 EL rote Thai-Currypaste

½ frische Ananas, geschält und in Scheiben geschnitten

7,5-cm-Stück Salatgurke, geschält, entkernt und in Scheiben geschnitten

3 Tomaten, in Spalten geschnitten

1 Zwiebel, in feine Ringe geschnitten

Dressing

Saft von 1 Zitrone

2 Knoblauchzehen, zerdrückt

1 TL Palmzucker

2 EL Pflanzen- oder Erdnussöl

Die Entenbrust über Nacht unverpackt in den Kühlschrank legen, damit die Haut austrocknen kann.

Am nächsten Tag die Entenhaut je fünf- oder sechsmal einschneiden. Zitronengras, 2 Esslöffel Pflanzenöl, Sesamöl, Fischsauce, Chili und Currypaste in einer flachen Schüssel vermengen. Die Entenbrüste in der Marinade wenden und 2–3 Stunden kalt stellen.

Einen Wok auf mittlerer bis starker Stufe vorheizen, dann das restliche Öl zugießen und erhitzen. Die Filets mit der Haut nach unten darin 3–4 Minuten anbraten, bis die Haut knusprig braun und das Fleisch fast durchgegart ist.

Die Entenbrüste wenden und von der anderen Seite braun anbraten.

Inzwischen Ananas, Gurke, Tomaten und Zwiebel auf einer Servierplatte anrichten. Die Dressingzutaten in einer Schale vermengen und das Dressing über den Salat gießen.

Die Entenbrust aus dem Wok nehmen, in dicke Scheiben schneiden, auf dem Salat anrichten und warm servieren.

CHINESISCHER GARNELENSALAT

Die Nudeln in einem Topf mit kochendem Wasser 4 Minuten garen oder nach Packungsanleitung zubereiten. Abgießen, gut abtropfen lassen und mit Küchenpapier trocken tupfen.

Einen Wok auf starker Stufe vorheizen, dann das Sonnenblumenöl hineingießen und erhitzen. Die Nudeln zufügen und unter Rühren 5 Minuten anbraten.

Den Wok vom Herd nehmen, Sesamöl, Sesamsaat und Bohnensprossen zufügen und alles gut vermengen. Mango, Frühlingszwiebeln, Rettich, Garnelen, Sojasauce und Sherry in eine Schüssel geben und gut vermengen.

Zum Servieren die Garnelenmischung entweder mit den Nudeln verrühren oder die Nudeln am Rand des Tellers anordnen und die Garnelenmischung in die Mitte geben. Sofort servieren.

FÜR 4 PERSONEN

250 g feine asiatische Eiernudeln

3 EL Sonnenblumenöl

1 EL Sesamöl

1 EL Sesamsaat

180 g frische Bohnensprossen

1 Mango, geschält, entsteint und in Stifte geschnitten

6 Frühlingszwiebeln, diagonal in Ringe geschnitten

80 g Rettich, in Stifte geschnitten

350 g gegarte Garnelen, ausgelöst

2 EL helle Sojasauce

1 EL Sherry

SALAT MIT THUNFISCH

Für das Dressing einen kleinen Wok auf starker Stufe vorheizen, dann das Öl hineingeben und erhitzen. Ingwer und Chillies einige Sekunden unter Rühren anbraten. Sojasauce, Fischsauce und Tamarindenpaste dazugeben und 30 Sekunden garen. Den Zucker einstreuen und unter Rühren auflösen. Den Wok vom Herd nehmen.

Die Bohnensprossen in ein Sieb geben, mit kochendem Wasser übergießen und gut abtropfen lassen. Mit Küchenpapier trocken tupfen. Die Gurke schälen, längs halbieren und die Kerne herauslösen. Die Gurkenhälften diagonal in feine Scheiben schneiden.

Bohnensprossen, Gurke, Koriander und Minze in eine Schüssel geben. Mit dem Salz würzen und ein paar Tropfen Sesamöl beträufeln. Die Zutaten gut vermengen und auf Serviertellern anrichten.

Einen Wok auf starker Stufe vorheizen, dann Sesam- und Erdnussöl hineingeben und erhitzen. Die Thunfischwürfel kurz von allen Seiten anbraten, dabei mit einer Küchenzange wenden, bis sie außen gebräunt, innen aber noch roh sind. Auf den Salatportionen verteilen.

Das Dressing nochmals kurz erhitzen und, falls nötig, mit 1 Esslöffel Wasser strecken. Über die Thunfischwürfel träufeln. Mit Erdnüssen garnieren und sofort servieren.

FÜR 4 PERSONEN

180 g frische Bohnensprossen

10-cm-Stück Salatgurke

20 g frische Korianderblätter

20 g frische Minzeblätter

1 Prise Salz

1 TL Sesamöl, plus einige Tropfen mehr zum Beträufeln

1 EL Erdnussöl

450 g Thunfischfilet, in 2,5 cm große Würfel geschnitten

2 EL gesalzene, geröstete Erdnüsse, grob gehackt, zum Garnieren

Dressing

2 TL Rapsöl

1 TL fein gehackter frischer Ingwer

½–1 kleine, frische rote Chili, entkernt und fein gehackt

4 EL helle Sojasauce

1 EL thailändische Fischsauce

1 EL Tamarindenpaste

90 ml brauner Zucker

REGENBOGEN-SALAT

FÜR 3–4 PERSONEN

6 große Shiitake-Pilze

10 Frühlingszwiebeln

6 Karotten

3 EL Rapsöl

1 rote Paprika, in feine Streifen geschnitten

8 Babymaiskolben, diagonal halbiert

250 g frische Bohnensprossen

Salz

einige kleine Minzeblätter und 4 EL geröstete Kokosflocken, zum Garnieren

Dressing

½–1 frische grüne Chili, entkernt und sehr fein gehackt

1 TL Zucker

1½ EL Limettensaft

2 TL Fischsauce

Salz

2 EL frisch gehackte Minze

2 EL Rapsöl

6 EL schnittfeste Kokoscreme, gehackt

Für das Dressing Chili und Zucker in einem Mörser zu einer wässrig-grünen Paste verarbeiten. Limettensaft, Fischsauce und 1 Prise Salz dazugeben und weiterrühren, bis sich der Zucker aufgelöst hat. Die Mischung zusammen mit Minze, Öl und Kokoscreme in einen Mixer geben und glatt pürieren.

Von den Pilzen die Stiele entfernen und die Kappen in feine Streifen schneiden. Die Frühlingszwiebeln längs halbieren und in 2,5 cm lange Stücke schneiden. Weiße und grüne Stücke getrennt halten.

Die Karotten mit einem Gemüsehobel in sehr feine Scheiben schneiden.

Einen Wok auf starker Stufe vorheizen, dann das Öl hineingeben und erhitzen. Pilze, Paprika, Mais und die weißen Frühlingszwiebelstücke darin 2 Minuten pfannenrühren. Karotten, Bohnensprossen, grüne Frühlingszwiebelstücke untermischen. Salzen und unter Rühren 1 Minute braten, bis das Gemüse knackig gar ist.

Das Gemüse in ein Sieb geben, abtropfen und etwas abkühlen lassen. Dann in eine Servierschüssel geben, mit dem Dressing begießen und darin wenden. Mit Minzeblättern und Kokosflocken garnieren. Zimmerwarm servieren.

AUBERGINEN-ZWIEBEL-SALAT

FÜR 4 PERSONEN

4 EL Pflanzen- oder Erdnussöl

1 Zwiebel, in Ringe geschnitten

4 Schalotten, fein gehackt

4 Frühlingszwiebeln, in Ringe geschnitten

350 g Aubergine, in große Würfel geschnitten

2 EL grüne Thai-Currypaste

2 EL Sojasauce

1 TL hellbrauner Zucker

120 g schnittfeste Kokoscreme, gewürfelt

3 EL Wasser

1 kleine Handvoll frisch gehackter Koriander

einige frisch gehackte Thai-Basilikumblätter

1 kleine Handvoll frisch gehackte Petersilie

120 g Rucola

2 EL süße Chilisauce

Einen Wok auf starker Stufe vorheizen, dann die Hälfte des Öls hineingeben und erhitzen. Zwiebel, Schalotten und Frühlingszwiebeln darin 1–2 Minuten pfannenrühren, bis sie glasig, aber nicht gebräunt sind. Herausnehmen und beiseitestellen.

Das restliche Öl im Wok erhitzen und die Auberginenwürfel darin rundum knusprig braun anbraten.

Die Zwiebelmischung zurück in den Wok geben. Currypaste, Sojasauce und Zucker untermengen. Kokoscreme und Wasser zugeben und köcheln lassen, bis die Kokoscreme aufgelöst ist. Den größten Teil des Korianders, des Basilikums und der Petersilie untermengen. Vom Herd nehmen und die Auberginenmischung in eine Servierschale geben.

In einer Schüssel den Rucola mit der Chilisauce vermischen. Mit den übrigen Kräutern garnieren und mit dem Auberginen-Zwiebel-Salat servieren.

SCHARFSAURER GEMÜSESALAT

Einen Wok auf mittlerer bis starker Stufe vorheizen, dann die Öle hineingießen und erhitzen. Zwiebel und Ingwer darin 1–2 Minuten pfannenrühren, bis sie glasig sind. Alle Gemüsesorten zugeben und 2–3 Minuten unter Rühren bissfest anbraten. Vom Herd nehmen und beiseitestellen.

Die Dressingzutaten in einer Schale verrühren. Das Gemüse auf eine Servierplatte geben und mit dem Dressing beträufeln. Entweder sofort warm servieren oder erst abkühlen lassen, damit sich die Aromen optimal entfalten können und kalt reichen.

FÜR 4 PERSONEN

2 EL Pflanzen- oder Erdnussöl

1 EL Chiliöl

1 Zwiebel, in Ringe geschnitten

2,5-cm-Stück Ingwerwurzel, gerieben

1 kleiner Brokkoli, in Röschen zerteilt

2 Karotten, in feinen Stifte geschnitten

1 rote Paprika, gewürfelt

1 gelbe Paprika, in feine Streifen geschnitten

60 g Zuckererbsen, halbiert

60 g Babymaiskolben, halbiert

Dressing

2 EL Pflanzen- oder Erdnussöl

1 TL Chiliöl

1 EL Reisessig

Saft von 1 Limette

½ TL thailändische Fischsauce

FLEISCH

CHOW MEIN MIT RINDFLEISCH

Für die Marinade alle Zutaten in eine Schüssel geben und verrühren. Das Fleisch zugeben, alles vermengen und mindestens 20 Minuten marinieren.

Die Nudeln in einem Topf mit kochendem Wasser 4 Minuten garen oder nach Packungsanleitung zubereiten. Unter kaltem Wasser abschrecken, abtropfen lassen und beiseitestellen.

Einen Wok auf mittlerer bis starker Stufe vorheizen, dann das Öl zugeben und erhitzen. Das Rindfleisch darin etwa 1 Minute unter Rühren braten. Die Zwiebel zugeben und 1 Minute pfannenrühren, dann Paprika und Bohnensprossen unter Rühren zufügen. Salz, Zucker, Reiswein und beide Sojasaucen zufügen und alles 1 Minute pfannenrühren. Die Nudeln unterheben und 1 Minute erhitzen. Zuletzt die Frühlingszwiebeln unterheben und sofort servieren.

FÜR 4 PERSONEN

280 g Rinderfiletsteak, in feine Streifen geschnitten

220 g asiatische Eiernudeln

2 EL Pflanzen- oder Erdnussöl

1 Zwiebel, in feine Ringe geschnitten

1 grüne Paprika, in feine Streifen geschnitten

150 g frische Bohnensprossen

1 TL Salz

1 Prise Zucker

2 TL chinesischer Reiswein

2 EL helle Sojasauce

1 EL dunkle Sojasauce

1 EL fein gehackte Frühlingszwiebeln

Marinade

1 TL helle Sojasauce

1 Spritzer Sesamöl

½ TL chinesischer Reiswein

1 Prise weißer Pfeffer

RINDFLEISCH-NUDEL-PFANNE

FÜR 4 PERSONEN

1 Bund Frühlingszwiebeln
2 EL Maiskeimöl
1 Knoblauchzehe, zerdrückt
1 TL fein gehackter frischer Ingwer
500 g Rinderfilet, in feine Streifen geschnitten
1 große rote Paprika, in Streifen geschnitten
1 kleine, frische rote Chili, entkernt und gehackt
220 g frische Bohnensprossen
1 kleiner Stängel Zitronengras, fein gehackt
2 EL feine Erdnusscreme
4 EL Kokosmilch
1 EL Reisessig oder Weißweinessig
1 EL Sojasauce
1 TL hellbrauner Zucker
250 g asiatische Eiernudeln
Salz und Pfeffer

Die Frühlingszwiebeln in feine Streifen schneiden. Einige Streifen für die Garnierung beiseitelegen.

Einen Wok auf mittlerer bis starker Stufe vorheizen, dann das Öl zugießen und erhitzen. Frühlingszwiebeln, Knoblauch und Ingwer hineingeben und 2–3 Minuten pfannenrühren, bis sie glasig sind. Das Rindfleisch hinzufügen und weitere 4–5 Minuten unter Rühren braten, bis es gleichmäßig gebräunt ist.

Die Paprika zugeben und 3–4 Minuten pfannenrühren. Chili und Sprossen dazugeben und 2 Minuten pfannenrühren. Zitronengras, Erdnusscreme, Kokosmilch, Essig, Sojasauce und Zucker in einer Schale verrühren. In den Wok geben.

Währenddessen die Eiernudeln in einem Topf mit kochendem Wasser 4 Minuten garen oder nach Packungsanleitung zubereiten. Gut abtropfen lassen, in den Wok geben und alles gut vermengen. Mit Salz und Pfeffer abschmecken. Mit den beiseitegestellten Frühlingszwiebelstreifen garnieren und heiß servieren.

RINDFLEISCH MIT SESAM & BROKKOLI

FÜR 4 PERSONEN

500 g Rinderfilet, in dünne Streifen geschnitten

1½ EL Sesamsaat

125 ml Rinderbrühe

2 EL helle Sojasauce

2 EL frisch geriebener Ingwer

2 Knoblauchzehen, fein gehackt

1 TL Speisestärke

½ TL Chiliflocken

3 EL Sesamöl

1 großer Brokkoli, in Röschen zerteilt

1 orangefarbene Paprika, in feine Streifen geschnitten

1 frische rote Chili, entkernt und in feine Ringe geschnitten

1 EL Chiliöl, oder nach Belieben

frisch gekochter Langkorn-Wildreis-Mix, zum Servieren

1 EL frisch gehackter Koriander, zum Garnieren

Das Rindfleisch mit 1 Esslöffel Sesam in einer kleinen Schüssel vermengen. In einer zweiten Schüssel Brühe, Sojasauce, Ingwer, Knoblauch, Stärke und Chiliflocken verrühren.

Einen Wok auf mittlerer bis starker Stufe vorheizen, dann 1 Esslöffel Sesamöl hineingeben und erhitzen. Die Rindfleischstreifen darin 2–3 Minuten pfannenrühren. Herausnehmen und beiseitestellen.

Das Öl aus dem Wok abgießen, verbliebenen Sesam mit Küchenpapier ebenfalls entfernen. Das restliche Sesamöl im Wok erhitzen und Brokkoli, Paprika, Chili und nach Belieben Chiliöl 2–3 Minuten darin pfannenrühren. Die Brühemischung zugießen, abdecken und 2 Minuten köcheln lassen.

Das Rindfleisch in den Wok geben und alles köcheln lassen, bis die Flüssigkeit andickt. Dabei gelegentlich rühren. Weitere 1–2 Minuten erhitzen.

Mit dem restlichen Sesam bestreuen und mit dem Koriander garniert servieren.

DAN DAN MIAN

FÜR 4 PERSONEN

1 EL Pflanzen- oder Erdnussöl

1 große getrocknete Chili, entkernt und in 3 Stücke geschnitten

½ TL Sichuan-Pfefferkörner

100 g Rinderhackfleisch

2 TL helle Sojasauce

300 g feine asiatische Reisnudeln

1 EL gehackte, geröstete Erdnüsse

Sauce

1 EL eingelegtes Gemüse (in asiatischen Lebensmittelläden erhältlich)

½ TL Sichuan-Pfefferkörner, leicht geröstet, zerstoßen

100 ml Hühnerbrühe

1 TL schwarzer chinesischer Reisessig

1 TL Chiliöl

1 TL dunkle Sojasauce

1 EL helle Sojasauce

1 EL Sesampaste

einige Tropfen Sesamöl

2 Frühlingszwiebeln, fein gehackt

Einen Wok auf mittlerer bis starker Stufe vorheizen, dann das Öl eingießen und erhitzen. Chili und Pfeffer darin schwenken. Das Hackfleisch zugeben und unter schnellem Rühren anbraten. Die Sojasauce zufügen und das Fleisch weitergaren, bis es krümelig und gut gebräunt ist.

In einer Schüssel die Zutaten für die Sauce verrühren und diese auf 4 Schalen verteilen.

Die Nudeln in einer Schüssel mit reichlich lauwarmem Wasser bedecken und 15 Minuten quellen lassen oder nach Packungsanleitung zubereiten. Abgießen, abtropfen lassen und ebenfalls auf die 4 Schalen verteilen.

Die Fleischmischung darübergeben. Mit den Erdnüssen bestreuen und sofort servieren.

RINDFLEISCH MIT NUDELN & AUSTERNSAUCE

Für die Marinade alle Zutaten in eine nichtmetallene Schüssel geben und verrühren. Das Fleisch darin wenden und mindestens 15 Minuten marinieren.

Inzwischen die Nudeln in einem Topf mit kochendem Wasser 4 Minuten garen oder nach Packungsanleitung zubereiten. Abgießen, mit kaltem Wasser abschrecken, abtropfen lassen und beiseitestellen.

Einen Wok auf mittlerer bis starker Stufe vorheizen, 1 Esslöffel Öl zugeben und erhitzen. Den Spargel darin 1 Minute anbraten.

Das Fleisch samt Marinade zugeben und unter ständigem Rühren 1½ Minuten pfannenrühren, bis es fast gar ist. Fleisch und Spargel aus dem Wok nehmen und beiseitestellen.

Das restliche Öl zugeben und erhitzen. Knoblauch, Ingwer und Zwiebel 1 Minute weich dünsten. Brühe, Reiswein und Austernsauce zufügen und unter Rühren aufkochen. Fleisch und Spargel wieder zugeben, dann die Nudeln zufügen. Alle Zutaten mit zwei Gabeln vermengen und erwärmen. Mit geröstetem Sesam bestreuen und sofort servieren.

FÜR 4 PERSONEN

- 300 g Rinderfiletsteak, in feine Streifen geschnitten
- 250 g dicke asiatische Eiernudeln
- 2 EL Erdnuss- oder Maiskeimöl
- 220 g grüner Spargel, holzige Enden entfernt und in Stücke geschnitten
- 2 große Knoblauchzehen, fein gehackt
- 1-cm-Stück Ingwerwurzel, fein gehackt
- ½ rote Zwiebel, in dünne Ringe geschnitten
- 4 EL Rindfleisch- oder Gemüsebrühe
- 1½ EL chinesischer Reiswein
- 2–3 EL Austernsauce
- geröstete Sesamsaat, zum Garnieren

Marinade

- 1 EL helle Sojasauce
- 1 TL Sesamöl
- 2 EL Reiswein

RINDFLEISCH MIT INGWER & PAPRIKA

FÜR 4 PERSONEN

500 g Rinderfilet, in 2,5 cm große Würfel geschnitten

2 TL Erdnussöl

2 Knoblauchzehen, zerdrückt

2 EL frisch geriebener Ingwer

1 Prise Chiliflocken

2 gelbe Paprika, in feine Streifen geschnitten

120 g Babymaiskolben

170 g Zuckererbsen

frisch gekochte, mit Sesamöl beträufelte asiatische Reisnudeln, zum Servieren

Marinade

2 EL Sojasauce

2 TL Erdnussöl

1½ TL Zucker

1 TL Speisestärke

Für die Marinade alle Zutaten in eine Schüssel geben und gut verrühren. Das Rindfleisch zufügen und in der Marinade wenden. Mit Frischhaltefolie abdecken und 30 Minuten zum Marinieren in den Kühlschrank stellen.

Einen Wok auf mittlerer bis starker Stufe vorheizen, dann das Erdnussöl hineingießen und erhitzen. Knoblauch, Ingwer und Chili zugeben und 30 Sekunden anbraten. Paprika und Babymaiskolben zufügen und 2 Minuten pfannenrühren. Die Zuckererbsen unterrühren und 1 weitere Minute braten.

Das Gemüse aus dem Wok nehmen und beiseitestellen. Das Fleisch samt Marinade in den Wok geben und 3–4 Minuten pfannenrühren, bis das Fleisch fast durchgegart ist. Das Gemüse wieder zugeben und alles noch einmal erhitzen. Vom Herd nehmen und mit Nudeln servieren.

MARINIERTES RINDFLEISCH MIT GEMÜSE

Für die Marinade alle Zutaten in einer Schüssel verrühren. Das Rindfleisch zugeben und in der Marinade wenden. Die Schüssel abdecken und das Fleisch 30 Minuten im Kühlschrank marinieren.

Einen Wok auf mittlerer bis starker Stufe vorheizen, dann 1 Esslöffel Sesamöl zugießen und erhitzen. Das Rindfleisch aus der Marinade nehmen, in den Wok geben und 2–3 Minuten unter Rühren anbraten, bis das Fleisch innen noch rosa ist. Aus der Pfanne heben und beiseitestellen.

In einer Tasse Speisestärke und Sojasauce verrühren. Das restliche Sesamöl im Wok erhitzen. Brokkoli, Karotten und Zuckererbsen zufügen und 2–3 Minuten pfannenrühren.

Die Brühe zugießen, den Wok abdecken und das Gericht etwa 1 Minute erhitzen. Dann Spinat, Rindfleisch und Speisestärkemischung einrühren. So lange köcheln lassen, bis die Flüssigkeit eindickt. Mit Reis oder Nudeln servieren.

FÜR 4 PERSONEN

500 g Rumpsteak, in feine Streifen geschnitten

3 EL Sesamöl

½ EL Speisestärke

½ EL Sojasauce

1 Brokkoli, in Röschen zerteilt

2 Karotten, in feine Stifte geschnitten

120 g Zuckererbsen

125 ml Rinderbrühe

250 g Babyspinat, zerzupft

frisch gekochter Reis oder asiatische Nudeln, zum Servieren

Marinade

1 EL trockener Sherry

½ EL Sojasauce

½ EL Speisestärke

½ TL Zucker

2 Knoblauchzehen, fein gehackt

1 EL Sesamöl

RINDFLEISCH MIT PFEFFER & LIMETTE

Das Fleisch mit der flachen Seite eines großen Küchenmessers plattieren. Diagonal gegen die Faser in mundgerechte Stücke schneiden und in eine flache Form geben.

Zucker, Pfeffer, Sojasauce, Chili, Knoblauch und die Hälfte des Limettensafts in einer Schale verrühren. Über das Fleisch gießen und dieses darin wenden. Bei Zimmertemperatur 1 Stunde oder im Kühlschrank über Nacht marinieren.

Die Kohlstreifen auf einen großen Servierteller geben und die Zwiebel darauf verteilen.

Einen Wok auf starker Stufe vorheizen, dann das Öl hineingeben und erhitzen. Das Fleisch aus der Marinade nehmen und darin 3 Minuten unter Rühren anbraten. Mit Fischsauce und restlichem Limettensaft ablöschen und 1 Minute unter Rühren garen.

Die Fleischstreifen samt Bratensaft auf dem Chinakohl anrichten und mit den Minzeblättern bestreuen. Sofort mit Limettenspalten und gekochtem Reis servieren.

FÜR 2–3 PERSONEN

350 g mageres Saumfleisch

½ EL Palmzucker oder hellbrauner Zucker

1 EL schwarze Pfefferkörner, zerstoßen

4 TL Sojasauce

1 frische rote Chili, entkernt und fein gehackt

½ Knoblauchknolle, in Zehen zerteilt und diese zerdrückt

2 EL Limettensaft

½ Chinakohl, in feine Streifen geschnitten

½ rote Zwiebel, halbiert und in feine Ringe geschnitten

1½ EL Erdnussöl

½ TL thailändische Fischsauce

einige frische Minzeblätter, zum Garnieren

Zum Servieren

Limettenspalten

frisch gekochter Reis

RINDFLEISCH MIT PAK CHOI

FÜR 2–3 PERSONEN

350 g mageres Saumfleisch

2 EL Erdnussöl

1 Schalotte, gehackt

2 TL fein gehackter frischer Ingwer

1 frische rote Chili, entkernt und in feine Streifen geschnitten

350 g Pak Choi, Stiele in 2,5 cm große Quadrate geschnitten, Blätter in breite Streifen geschnitten

1 EL Speisestärke

2 EL Rinderbrühe oder Wasser

3 EL frisch gehackter Koriander, zum Garnieren

Marinade

2 EL Sojasauce

1½ EL chinesischer Reiswein oder trockener Sherry

½ TL Zucker

½ TL Pfeffer

¼ TL Salz

Das Fleisch mit der flachen Seite eines großen Küchenmessers plattieren. Diagonal gegen die Faser in mundgerechte Stücke schneiden und in eine flache Form geben.

Für die Marinade alle Zutaten in einer Schüssel verrühren. Das Fleisch mit der Marinade begießen und darin wenden. Bei Zimmertemperatur 1 Stunde oder im Kühlschrank über Nacht marinieren.

Einen Wok auf mittlerer bis starker Stufe vorheizen, dann das Öl hineingeben und erhitzen. Schalotte, Ingwer und Chili darin 1 Minute pfannenrühren. Die Hitze auf starke Stufe erhöhen, das Rindfleisch samt Marinade dazugeben und 3 Minuten unter Rühren anbraten. Pak-Choi-Stiele hinzufügen und 1 Minute pfannenrühren. Die Blätter dazugeben und 1 Minute pfannenrühren.

Speisestärke und Brühe in einer Tasse glatt rühren, in den Wok gießen und 1 Minute rühren, bis die Sauce leicht eindickt. Den Wok-Inhalt in eine vorgewärmte Servierschüssel geben und mit dem Koriander bestreuen. Sofort servieren.

RINDFLEISCH MIT MISCHPILZEN

Den Sichuan-Pfeffer mit dem Salz in einem Mörser zerstoßen. Das Fleisch damit einreiben und schräg zur Faser in mundgerechte Stücke schneiden.

Die Pilze abspülen und mit Küchenpapier trocken tupfen. Falls Pilze mit Wurzelstock verwendet werden, diesen abschneiden und die Pilze vorsichtig trennen. Die Champignons halbieren.

In einer Tasse Speisestärke mit 2 Esslöffeln Brühe anrühren. Dann Reiswein und Sojasauce sorgfältig unterrühren.

Einen Wok auf mittlerer bis starker Stufe vorheizen, dann 1 Esslöffel Öl hineingeben und erhitzen. Schalotten und Ingwer darin 1 Minute anbraten. Den Knoblauch dazugeben und ein paar Sekunden anbraten, dann Pilze und 2 Esslöffel Brühe hinzufügen und 4 Minuten pfannenrühren. Angerührte Speisestärke und restliche Brühe dazugießen und unter Rühren zum Kochen bringen. Dann die Hitze reduzieren und alles 2 Minuten köcheln lassen. In eine vorgewärmte Servierform füllen.

Den Wok mit Küchenpapier sauber auswischen und stark erhitzen, dann das restliche Öl hineingeben. Das Fleisch darin 3 Minuten unter Rühren anbraten. Zu den Pilzen geben und mit dem Koriander garnieren. Sofort servieren.

FÜR 2–3 PERSONEN

1½ EL Sichuan-Pfeffer

½ TL Salz

350 g Rinderfilet- oder Rumpsteak

200 g gemischte kleine Pilze, z. B. Enoki, Shimeji und braune Champignons

½ EL Speisestärke

125 ml Aromatische Rinderbrühe (siehe Seite 16) oder Rinderbrühe

2 TL chinesischer Reiswein oder trockener Sherry

4 TL Sojasauce

3 EL Erdnussöl

1 Schalotte, fein gehackt

1 TL fein gehackter frischer Ingwer

1 große Knoblauchzehe, in feine Scheiben geschnitten

3 EL frische Korianderblätter, zum Garnieren

WÜRZIGES SICHUAN-SCHWEINEFLEISCH

In einem großen Topf Wasser zum Kochen bringen, das Fleisch hineingeben, 20 Minuten köcheln lassen und dabei gelegentlich den Schaum abschöpfen. Dann das Fleisch herausnehmen, abkühlen lassen und in feine Streifen schneiden.

Einen Wok auf mittlerer bis starker Stufe vorheizen, dann das Öl hineingießen und erhitzen. Die Fleischstreifen darin unter Rühren braten, bis sie sich zusammenziehen. Chili-Bohnen-Sauce und schwarze Bohnen einrühren. Die restlichen Zutaten zufügen und unter Rühren einige Minuten erhitzen. Mit dem gekochten Reis servieren.

FÜR 4 PERSONEN

280 g Schweinebauch

1 EL Pflanzen- oder Erdnussöl

1 EL Chili-Bohnen-Sauce

1 EL eingelegte schwarze Bohnen, abgespült und leicht zerdrückt

1 grüne Paprika, in feine Streifen geschnitten

1 rote Paprika, in feine Streifen geschnitten

1 TL Zucker

1 TL dunkle Sojasauce

1 Prise weißer Pfeffer

frisch gekochter Reis, zum Servieren

PAD THAI

FÜR 4 PERSONEN

220 g asiatische Reisbandnudeln

2 EL Pflanzen- oder Erdnussöl

2 Knoblauchzehen, gehackt

2 frische rote Chillies, entkernt und gehackt

170 g Schweinefilet, in feine Streifen geschnitten

120 g rohe Garnelen, ausgelöst und gehackt

8 frischer chinesischer Schnittlauch, grob gehackt

2 EL thailändische Fischsauce

Saft von 1 Limette

2 TL Palmzucker oder hellbrauner Zucker

2 Eier, verquirlt

120 g frische Bohnensprossen

4 EL frisch gehackter Koriander, plus einige Blätter mehr zum Garnieren

120 g ungesalzene Erdnüsse, gehackt, plus ein paar zusätzliche Erdnüsse zum Servieren

Die Nudeln in einer Schüssel mit reichlich lauwarmem Wasser bedecken und 15 Minuten quellen lassen oder nach Packungsanleitung zubereiten, abgießen, gut abtropfen lassen und beiseitestellen.

Einen Wok auf mittlerer bis starker Stufe vorheizen, dann das Öl zugeben und erhitzen. Knoblauch, Chillies und Schweinefilet darin unter Rühren 2–3 Minuten anbraten. Die Garnelen zugeben und 2–3 Minuten anbraten.

Schnittlauch und Nudeln zugeben und 1–2 Minuten mitgaren. Fischsauce, Limettensaft, Zucker und Eier zugeben und alles unter ständigem Rühren weiterbraten.

Bohnensprossen, Koriander und Erdnüsse unterheben. In eine Servierschüssel füllen, mit Erdnüssen bestreuen und mit etwas Koriander garniert servieren.

SCHWEINEFLEISCH MIT CASHEWS, LIMETTE & MINZE

Das Schweinefilet gegen die Faser diagonal in mundgerechte Stücke schneiden. Mit der flachen Seite eines großen Küchenmessers plattieren und auf einen großen Teller legen. Koriander, Pfeffer, Salz, Zucker und Limettenschale in einem Mörser zermahlen. Die Fleischstücke von beiden Seiten sorgfältig mit der Würzmischung einreiben und 15 Minuten ziehen lassen.

Einen Wok auf starker Stufe vorheizen, dann 1 Esslöffel Öl hineingeben und erhitzen. Das Fleisch 2–3 Minuten unter Rühren anbraten, bis es außen nicht mehr rosa ist, dann samt Bratensaft auf einen großen Teller geben. Den Wok mit Küchenpapier sauber auswischen.

Den Wok auf mittlerer bis starker Stufe wieder vorheizen, dann das restliche Öl hineingeben und erhitzen. Ingwer und Knoblauch einige Sekunden pfannenrühren. Weiße Frühlingszwiebelstücke und Paprika dazugeben und 2 Minuten pfannenrühren. Cashewkerne und Salz hinzufügen und 1 Minute pfannenrühren.

Die Hitze erhöhen und das Fleisch samt Bratensaft wieder in den Wok geben. Mit Brühe, Limettensaft und Fischsauce ablöschen. Die grünen Frühlingszwiebelstücke dazugeben und 30 Sekunden unter Rühren erhitzen. Mit der Minze garnieren und sofort servieren.

FÜR 2 PERSONEN

280 g Schweinefilet

1 TL Koriandersamen

½ TL weiße Pfefferkörner

¼ TL Salz

¼ TL Zucker

Saft und fein abgeriebene Schale von 1 Limette

2 EL Erdnussöl

1 TL fein gehackter frischer Ingwer

1 Knoblauchzehe, in feine Scheiben geschnitten

3 Frühlingszwiebeln, weißer und grüner Teil getrennt, in 2 cm lange Stücke geschnitten

1 kleine grüne Paprika, in feine Streifen geschnitten

2 EL Cashewkerne, grob gehackt

1 große Prise Salz

1 EL Hühnerbrühe

1 TL thailändische Fischsauce

einige frische Minzeblätter, zum Garnieren

SCHWEINEBAUCH MIT CHINAKOHL

Die Schweinebauchschwarte mit der Spitze eines sehr scharfen Messers in 1 cm großen Abständen einstechen. Die Zutaten für die Marinade verrühren und in eine flache Form füllen. Die Schweinebauchscheiben hineingeben und in der Marinade wenden. 1 Stunde bei Zimmertemperatur marinieren.

Den Backofen auf 220 °C vorheizen. Eine Bratform mit Alufolie auskleiden und ein Grillgitter hineinsetzen. Den Schweinebauch darauflegen und auf der obersten Schiene 15 Minuten im Ofen braten. Die Marinade aufbewahren. Dann die Ofentemperatur auf 180 °C reduzieren. Das Fleisch wenden, mit Marinade bestreichen und weitere 20 Minuten braten. Nochmals wenden, mit Marinade bestreichen und 20 Minuten braten. Aus dem Ofen nehmen, abkühlen lassen und in 1 cm breite Streifen schneiden. In eine Schüssel geben und mit der restlichen Marinade mischen.

Einen Wok auf starker Stufe vorheizen, dann 1 Esslöffel Öl hineingeben und erhitzen. Schweinebauchstücke samt Marinade dazugeben und 2 Minuten unter Rühren braten, bis die Marinade reduziert ist und kocht. Mit der Brühe ablöschen und unter Rühren den Bratensatz lösen. Weitere 2 Minuten pfannenrühren, bis die Sauce eingekocht ist. Die Fleischstücke aus dem Wok nehmen und warm halten. Den Wok mit Küchenpapier sauber auswischen.

Den Wok vorheizen, das restliche Öl hineingeben und erhitzen. Den Ingwer einige Sekunden anbraten. Chinakohl, Frühlingszwiebeln, Zucker und Salz dazugeben und 1 Minute pfannenrühren.

Das Gemüse auf einen vorgewärmten Servierteller geben. Schweinebauch und Sauce darauf anrichten und sofort servieren.

FÜR 2 PERSONEN

4 Scheiben Schweinebauch (etwa 650 g)

2 EL Erdnussöl

90 ml Chinesische Brühe (siehe Seite 16) oder Hühnerbrühe

1 dünne Scheibe Ingwerwurzel

½ Chinakohl, diagonal in breite Streifen geschnitten

6 Frühlingszwiebeln, diagonal in 4 cm lange Stücke geschnitten

½ TL Zucker

¼ TL Salz

Marinade

2 EL Zucker

2 EL chinesischer Reiswein oder trockener Sherry

1 EL Sojasauce

4-cm-Stück Ingwerwurzel, grob gehackt und durch eine Knoblauchpresse gedrückt

½ TL Salz

¼ TL chinesisches Fünf-Gewürze-Pulver

4 EL Hoisin-Sauce

SCHWEINEFLEISCH MIT KAROTTEN & INGWER

FÜR 2 PERSONEN

250 g Schweinefilet

2 EL Erdnussöl

2 große Knoblauchzehen, in feine Scheiben geschnitten

1 frische grüne Chili, entkernt und diagonal in feine Streifen geschnitten

6 Karotten, in feine Stifte geschnitten

50 g Ingwerwurzel, in feine Stifte geschnitten

150 g Bambussprossen aus der Dose, abgespült und abgetropft

1½ TL Sichuan-Pfeffer, zerstoßen

100 ml Chinesische Brühe (siehe Seite 16) oder Hühnerbrühe

2 EL helle Sojasauce

Marinade

2 TL chinesischer Reiswein oder trockener Sherry

2 TL helle Sojasauce

½ TL Zucker

¼ TL Salz

Das Schweinefilet diagonal gegen die Faser in sehr feine Scheiben, dann in 4 cm breite Streifen schneiden und in eine Schüssel geben. Die Zutaten für die Marinade verrühren, über die Fleischstreifen gießen und 30 Minuten marinieren.

Einen Wok auf starker Stufe vorheizen, dann das Öl hineingeben und erhitzen. Knoblauch und Chili 30 Sekunden pfannenrühren, bis der Knoblauch Farbe annimmt.

Schweinefleisch samt Marinade dazugeben. Die Hitze erhöhen und 1 Minute unter Rühren anbraten. Karotten, Ingwer, Bambussprossen und Sichuan-Pfeffer hinzufügen und 1 Minute pfannenrühren. Mit Brühe und Sojasauce ablöschen und weitere 4–5 Minuten pfannenrühren, bis die Sauce etwas eindickt. In eine vorgewärmte Servierform füllen und sofort servieren.

SINGAPUR-NUDELN

FÜR 4 PERSONEN

- 200 g Reis-Vermicelli
- 1 EL Currypaste (Schärfe nach Belieben)
- 1 TL Kurkuma
- 90 ml Wasser
- 2 EL Erdnuss- oder Maiskeimöl
- ½ Zwiebel, in sehr dünne Ringe geschnitten
- 2 große Knoblauchzehen, in feine Scheiben geschnitten
- 80 g Brokkoli, in kleine Röschen zerteilt
- 80 g Prinzessbohnen, in 2,5 cm lange Stücke geschnitten
- 80 g Schweinefilet, in dünne Scheiben geschnitten
- 80 g gekochte Garnelen, ausgelöst
- 60 g Chinakohl, in feine Streifen geschnitten
- ¼ frische scharfe Chili (nach Belieben), entkernt und in dünne Ringe geschnitten
- 2 Frühlingszwiebeln (nur der weiße Teil), klein gehackt
- frische Korianderzweige, zum Garnieren

Die Nudeln in einer großen Schüssel mit reichlich lauwarmem Wasser bedecken und 15 Minuten quellen lassen oder nach Packungsanleitung zubereiten. Abgießen, abtropfen lassen und beiseitestellen. Inzwischen Currypaste und Kurkuma in einer kleinen Schüssel mit 4 Esslöffeln Wasser verrühren. Beiseitestellen.

Einen Wok auf starker Stufe vorheizen, dann das Öl zugeben und erhitzen. Zwiebel und Knoblauch darin 1 Minute pfannenrühren. Brokkoli und Bohnen mit den restlichen 2 Esslöffeln Wasser zugeben und 2 Minuten unter Rühren anbraten. Das Fleisch zugeben und 1 Minute mitbraten. Garnelen, Chinakohl und Chili zugeben und weitere 2 Minuten braten, bis das Fleisch gar und das Gemüse bissfest ist. Aus dem Wok nehmen und warm stellen.

Frühlingszwiebeln, Nudeln und angerührte Currypaste in den Wok geben, alles mit zwei Gabeln vermengen und 2 Minuten pfannenrühren, bis die Nudeln heiß sind und die dunkelgoldene Farbe der Kurkuma angenommen haben. Alle Zutaten wieder in den Wok geben, 1 Minute erhitzen, dann mit frischem Koriander garnieren und servieren.

SCHWEINEFLEISCH MIT KNOBLAUCH-NUDELN

FÜR 4 PERSONEN

250 g dicke asiatische Eiernudeln

450 g Schweinefilet, in dünne Streifen geschnitten

1 TL Zucker

1 EL Erdnuss- oder Maiskeimöl

4 EL Reisessig

4 EL Weißweinessig

4 EL Hoisin-Sauce

2 Frühlingszwiebeln, diagonal in Ringe geschnitten

2 EL Maiskeimöl mit Knoblaucharoma

2 große Knoblauchzehen, in dünne Scheiben geschnitten

Die Nudeln in einem Topf mit kochendem Wasser 4 Minuten garen oder nach Packungsanleitung zubereiten. Abgießen, mit kaltem Wasser abschrecken und abtropfen lassen. Beiseitestellen.

Das Fleisch mit dem Zucker bestreuen und mit den Händen vermischen. Einen Wok auf starker Stufe vorheizen, dann das Öl zugeben und erhitzen. Das Fleisch zugeben und 3 Minuten unter Rühren braten, bis es gebräunt und fast gar ist. Mit einem Schaumlöffel aus dem Wok nehmen und warm stellen.

Beide Essigsorten in den Wok geben und auf etwa 5 Teelöffel Flüssigkeit einkochen. Hoisin-Sauce und Frühlingszwiebeln zugeben und die Flüssigkeit noch einmal auf die Hälfte einkochen. Zum Fleisch geben und vermengen.

Den Wok mit Küchenpapier sauber auswischen und wieder erhitzen, dann das Maiskeimöl hineingießen. Den Knoblauch darin 30 Sekunden goldgelb und knusprig anbraten, mit einem Schaumlöffel aus dem Wok nehmen und beiseitestellen.

Die Nudeln in den Wok geben und unter Rühren durcherhitzen. Auf 4 Teller verteilen, die Fleisch-Zwiebel-Mischung daraufgeben und mit dem gebratenen Knoblauch bestreuen.

AMEISEN KRABBELN AUF EINEN BAUM

FÜR 4 PERSONEN

250 g breite Reisnudeln

1 EL Speisestärke

3 EL Sojasauce

1½ EL chinesischer Reiswein

1½ TL Zucker

1½ TL Sesamöl

350 g mageres Schweinehackfleisch

1½ EL Erdnussöl

2 große Knoblauchzehen, fein gehackt

1 große frische rote Chili (nach Belieben), entkernt und fein gehackt

3 Frühlingszwiebeln, fein gehackt

frisch gehackter Koriander, zum Garnieren

Die Nudeln in einer Schüssel mit reichlich lauwarmem Wasser bedecken und 15 Minuten quellen lassen oder nach Packungsanleitung zubereiten, dann abgießen, abtropfen lassen und beiseitestellen.

Inzwischen in einer großen Schüssel die Speisestärke mit Sojasauce, Reiswein, Zucker und Sesamöl glatt rühren. Das Fleisch zugeben und alles mit den Händen gut vermengen, das Fleisch dabei aber nicht zusammenpressen. 10 Minuten marinieren.

Einen Wok auf starker Stufe vorheizen, dann das Öl zugeben und erhitzen. Knoblauch, Chili und Frühlingszwiebeln zugeben und 30 Sekunden pfannenrühren. Das Fleisch samt Marinade zufügen und unter Rühren 5 Minuten hellbraun anbraten. Die Nudeln zugeben und alles locker mit zwei Gabeln vermischen. Mit dem gehackten Koriander bestreuen und servieren.

SCHWEINEFLEISCH JAPANISCHE ART

Das Schweinefilet gegen die Faser diagonal in sehr feine Scheiben, dann in 4 cm breite Streifen schneiden und in eine Schüssel geben. Die Zutaten für die Marinade in einer Schüssel verrühren, bis sich der Honig aufgelöst hat, und über das Fleisch gießen. Bei Zimmertemperatur 1 Stunde oder im Kühlschrank über Nacht marinieren.

Einen Wok auf mittlerer Stufe vorheizen, dann das Erdnussöl hineingeben und erhitzen. Den Knoblauch darin einige Sekunden pfannenrühren. Dann die Bohnen dazugeben und 3 Minuten unter Rühren anbraten. Schweinefleisch samt Marinade in den Wok geben und die Hitze erhöhen. Mit Salz und Pfeffer würzen und 4–5 Minuten unter Rühren anbraten, bis die Bohnen knackig gar sind und das Fleisch durchgegart ist.

Mit dem Sesam bestreuen und dem Sesamöl beträufeln und weitere 30 Sekunden garen. In eine vorgewärmte Servierform füllen und sofort servieren.

FÜR 2 PERSONEN

280 g Schweinefilet

2 EL Erdnussöl

1 Knoblauchzehe, in feine Scheiben geschnitten

120 g Prinzessbohnen, in 4 cm lange Stücke geschnitten

Salz und Pfeffer

1½ TL Sesamsaat

½ TL Sesamöl

Marinade

3 EL Shoyu oder Tamari (japanische Sojasauce)

3 EL Mirin (japanischer Reiswein)

fein abgeriebene Schale und Saft von ½ Orange

1 EL flüssiger Honig

½–1 frische rote Chili, entkernt und fein gehackt

1 TL fein gehackter frischer Ingwer

¼ TL Salz

LAMMPFANNE MIT ORANGEN

Einen Wok auf starker Stufe erhitzen. Das Lammhackfleisch in den Wok geben und 5 Minuten pfannenrühren, bis es gleichmäßig gebräunt ist. Das austretende Fett abgießen.

Knoblauch, Kreuzkümmelsamen, Koriander und Zwiebel zufügen und 5 Minuten mitgaren.

Orangenschale und -saft sowie Sojasauce zugeben. Den Wok abdecken, die Hitze reduzieren und alles unter gelegentlichem Rühren 15 Minuten köcheln lassen.

Den Deckel abnehmen und die Hitze erhöhen. Die Orangenspalten zufügen.

Mit Salz und Pfeffer abschmecken und alles weitere 2–3 Minuten durcherhitzen. Das fertige Gericht auf vorgewärmte Teller verteilen und mit gehacktem Schnittlauch und Orangenzesten garnieren. Sofort servieren.

FÜR 4 PERSONEN

450 g Lammhackfleisch

2 Knoblauchzehen, zerdrückt

1 TL Kreuzkümmelsamen

1 TL gemahlener Koriander

1 rote Zwiebel, halbiert und in Scheiben geschnitten

fein abgeriebene Schale und Saft von 1 Orange

2 EL Sojasauce

1 Orange, filetiert

Salz und Pfeffer

Zum Garnieren

frisch gehackter Schnittlauch

Orangenzesten

LAMMFLEISCH IN BOHNENSAUCE MIT PAPRIKA

FÜR 4 PERSONEN

- 450 g Lammfleisch aus Nacken oder Keule
- 1 Eiweiß, leicht verquirlt
- 4 EL Speisestärke
- 1 TL chinesisches Fünf-Gewürze-Pulver
- 3 EL Sonnenblumenöl
- 1 rote Zwiebel, halbiert und in Scheiben geschnitten
- 1 rote Paprika, in Streifen geschnitten
- 1 grüne Paprika, in Streifen geschnitten
- 1 gelbe oder orange Paprika, in Streifen geschnitten
- 5 EL Schwarze-Bohnen-Sauce
- frisch gekochte asiatische Nudeln, zum Servieren

Das Lammfleisch mit einem scharfen Messer in sehr feine Streifen schneiden.

Eiweiß, Speisestärke und Fünf-Gewürze-Pulver in einer großen Schüssel vermengen. Die Fleischstreifen gleichmäßig in der Mischung wenden.

Einen Wok auf starker Stufe vorheizen, dann das Öl hineingießen und erhitzen. Das Lammfleisch zufügen und 5 Minuten pfannenrühren, bis es leicht gebräunt ist.

Zwiebel und Paprikastreifen in den Wok geben und 5–6 Minuten pfannenrühren; das Gemüse sollte noch bissfest sein.

Die Schwarze-Bohnen-Sauce in die Gemüse-Fleisch-Mischung einrühren und durcherhitzen.

Lammfleisch und Sauce auf vorgewärmten Tellern anrichten und mit Nudeln servieren.

ROTES LAMM-CURRY

FÜR 4 PERSONEN

2 EL Pflanzenöl

1 große Zwiebel, in Scheiben geschnitten

2 Knoblauchzehen, zerdrückt

500 g mageres Lammfleisch aus der Keule, in 3 cm große Würfel geschnitten

2 EL rote Thai-Currypaste

150 ml Kokosmilch

1 EL hellbrauner Zucker

1 große rote Paprika, in breite Streifen geschnitten

150 ml Lamm- oder Rinderbrühe

1 EL thailändische Fischsauce

2 EL Limettensaft

220 g Wasserkastanien aus der Dose, abgespült und abgetropft

2 EL frisch gehackter Koriander

2 EL frisch gehacktes Basilikum, plus einige Blätter mehr zum Garnieren

Salz und Pfeffer

frisch gekochter Jasminreis, zum Servieren

Einen Wok auf starker Stufe vorheizen, dann das Öl zufügen und erhitzen. Zwiebel und Knoblauch hineingeben und unter ständigem Rühren 2–3 Minuten anbraten. Das Fleisch dazugeben und unter Rühren leicht anbräunen.

Die Currypaste unterrühren und einige Sekunden garen. Kokosmilch und Zucker zugeben und zum Kochen bringen. Die Hitze reduzieren und alles 15 Minuten unter gelegentlichem Rühren köcheln lassen.

Paprika, Brühe, Fischsauce und Limettensaft hinzufügen und bei geschlossenem Deckel 15 Minuten schmoren, bis das Fleisch weich ist.

Wasserkastanien, Koriander und Basilikum zugeben und alles mit Salz und Pfeffer abschmecken. Auf Serviertellern anrichten und mit Basilikumblättern garnieren. Mit frisch gekochtem Jasminreis servieren.

LAMMFLEISCH MIT PORREE

FÜR 2 PERSONEN

280 g Lammfleisch aus dem Nacken

1 Knoblauchzehe, fein gehackt

2 TL Sojasauce

2 TL chinesischer Reiswein oder trockener Sherry

½ TL Zucker

¼ TL Salz

½ EL Speisestärke

3 EL Chinesische Brühe (siehe Seite 16) oder Hühnerbrühe

2 EL Erdnussöl

Pfeffer

3 Porreestangen, in 4 cm lange Stücke geschnitten

1 EL Hühnerbrühe oder Wasser

Das Lammfleisch gegen die Faser diagonal in mundgerechte Stücke schneiden. Mit der flachen Seite eines großen Küchenmessers plattieren und in eine Schüssel geben. In einer Schale Knoblauch, Sojasauce, Reiswein, Zucker und Salz verrühren und über das Lammfleisch gießen. Bei Zimmertemperatur 1 Stunde oder im Kühlschrank über Nacht marinieren.

Die Speisestärke in der Brühe auflösen. Einen Wok auf starker Stufe vorheizen, dann 1 Esslöffel Öl hineingeben und erhitzen. Das Lammfleisch dazugeben und 1 Minute unter Rühren anbraten. Mit Pfeffer würzen. Die angerührte Speisestärke zufügen und 1 Minute pfannenrühren. Das Fleisch aus dem Wok nehmen und warm halten. Den Wok mit Küchenpapier sauber auswischen.

Den Wok auf starker Stufe wieder vorheizen, dann das restliche Öl hineingeben und erhitzen. Porree und Hühnerbrühe dazugeben und 2 Minuten pfannenrühren, bis das Gemüse knackig gar ist. Das Fleisch wieder in den Wok geben und 30 Sekunden pfannenrühren. In eine vorgewärmte Servierform füllen und sofort servieren.

LAMMSCHMOR-TOPF XINJIANG

FÜR 5–6 PERSONEN

1–2 EL Pflanzen- oder Erdnussöl

400 g Lamm- oder Hammelschmorfleisch, in mundgerechte Würfel geschnitten

1 Zwiebel, grob gehackt

1 grüne Paprika, grob gehackt

1 Karotte, grob gehackt

1 weiße Rübe, grob gehackt

2 Tomaten, in Stücke geschnitten

2,5-cm-Stück Ingwerwurzel, in feine Scheiben geschnitten

300 ml Wasser

1 TL Salz

Einen Wok auf starker Stufe vorheizen, dann das Öl zugeben und erhitzen. Das Fleisch darin 1–2 Minuten unter Rühren braten, bis die Poren geschlossen sind.

Das Fleisch in einen großen Topf geben, alle anderen Zutaten zufügen und zum Kochen bringen. Abgedeckt bei kleiner Hitze 35 Minuten schmoren, bis Fleisch und Gemüse weich sind. Heiß servieren.

LAMM MIT LIMETTEN-BLÄTTERN

Das Lammfleisch mit einem scharfen Messer in feine Streifen oder Würfel schneiden.

Das Öl in einem vorgeheizten Wok erhitzen. Chillies, Knoblauch, Schalotten, Zitronengras, Limettenblätter, Tamarindenpaste und Zucker hineingeben und 2 Minuten pfannenrühren.

Die Fleischwürfel dazugeben und unter ständigem Rühren 5 Minuten anbraten, bis sie gleichmäßig mit der würzigen Mischung überzogen sind.

Die Kokosmilch zugießen und zum Kochen bringen. Die Hitze reduzieren und alles 20 Minuten köcheln lassen.

Kirschtomaten und Koriander dazugeben und weitere 5 Minuten mitgaren. Auf Serviertellern anrichten und sofort mit frisch gekochtem Duftreis servieren.

FÜR 4 PERSONEN

- 450 g mageres Lammfleisch aus Keule oder Rücken
- 2 EL Erdnussöl
- 2 frische rote Vogelaugen-Chillies, fein gehackt
- 2 Knoblauchzehen, zerdrückt
- 4 Schalotten, gehackt
- 2 Stängel Zitronengras, in Ringe geschnitten
- 6 frische Kaffir-Limettenblätter
- 1 EL Tamarindenpaste
- 2 EL Palmzucker oder hellbrauner Zucker
- 300 ml Kokosmilch
- 170 g Kirschtomaten, halbiert
- 1 EL frisch gehackter Koriander
- frisch gekochter thailändischer Duftreis, zum Servieren

GEFLÜGEL

HÜHNCHEN SÜSSSAUER

Für die Marinade alle Zutaten in einer Schüssel verrühren, das Hähnchenfleisch zugeben, darin wenden und mindestens 20 Minuten marinieren.

Für die Sauce den Essig in einem Topf erhitzen. Zucker, Sojasauce und Ketchup zugeben und so lange rühren, bis sich der Zucker aufgelöst hat. Beiseitestellen.

Einen Wok auf starker Stufe vorheizen, dann 3 Esslöffel Öl hineingeben und erhitzen. Das Fleisch darin unter Rühren goldbraun anbraten. Aus dem Wok nehmen und beiseitestellen. Den Wok mit Küchenpapier sauber auswischen.

Den sauberen Wok wieder vorheizen, das restliche Öl zugeben und erhitzen. Knoblauch und Ingwer darin schwenken, bis sie zu duften beginnen. Das Gemüse zufügen und unter Rühren 2 Minuten braten. Das Fleisch wieder in den Wok geben und 1 Minute erhitzen. Sauce und Sesamöl unterrühren. Die Frühlingszwiebel unterheben und sofort mit frisch gekochtem Reis servieren.

FÜR 4–6 PERSONEN

450 g Hähnchenbrustfilet, gewürfelt

5 EL Pflanzen- oder Erdnussöl

½ TL gehackter Knoblauch

½ TL gehackter frischer Ingwer

1 grüne Paprika, grob gehackt

1 Zwiebel, grob gehackt

1 Karotte, in Scheiben geschnitten

1 TL Sesamöl

1 EL fein gehackte Frühlingszwiebel

frisch gekochter Reis, zum Servieren

Marinade

2 TL helle Sojasauce

1 TL chinesischer Reiswein

1 Prise weißer Pfeffer

½ TL Salz

1 Spritzer Sesamöl

Sauce

120 ml Reisessig

4 EL Zucker

2 TL helle Sojasauce

90 ml Tomatenketchup

HÜHNCHEN GONG BAO

FÜR 4 PERSONEN

2 Hähnchenbrustfilets, gewürfelt

1 EL Pflanzen- oder Erdnussöl

10 getrocknete rote Chillies, in 2–3 Stücke geschnitten

1 TL Sichuan-Pfefferkörner

3 Knoblauchzehen, in feine Scheiben geschnitten

2,5-cm-Stück Ingwerwurzel, in feine Stifte geschnitten

1 EL fein gehackte Frühlingszwiebel

80 g Erdnüsse, geröstet

frisch gekochter Reis, zum Servieren

Marinade

2 TL helle Sojasauce

1 TL chinesischer Reiswein

½ TL Zucker

Sauce

1 TL helle Sojasauce

1 TL dunkle Sojasauce

1 TL schwarzer Reisessig

einige Tropfen Sesamöl

2 EL Hühnerbrühe

1 TL Zucker

Für die Marinade alle Zutaten in einer Schüssel verrühren, das Fleisch zugeben, darin wenden und mindestens 20 Minuten marinieren. Die Zutaten für die Sauce in einer Schale verrühren und beiseitestellen.

Einen Wok auf starker Stufe vorheizen, dann das Öl zugießen und erhitzen. Chillies und Pfeffer darin schwenken, bis sie knusprig sind und zu duften beginnen. Das Fleisch zugeben und unter Rühren anbraten. Knoblauch, Ingwer und Frühlingszwiebel zufügen. Unter Rühren etwa 5 Minuten braten, bis das Fleisch gar ist.

Die Sauce einrühren und die Erdnüsse unterheben. Mit frisch gekochtem Reis servieren.

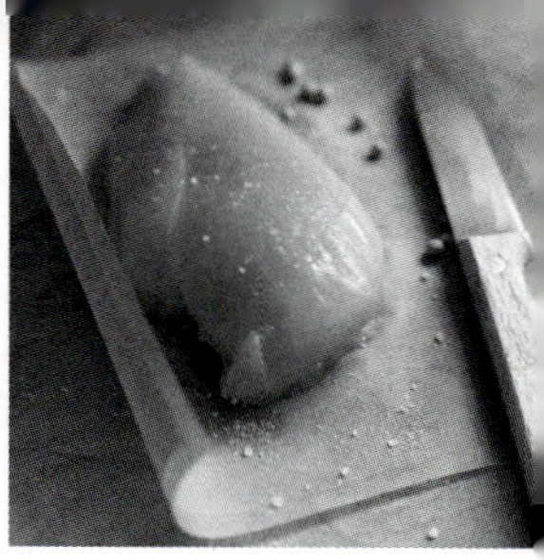

HÜHNCHEN MIT CASHEWKERNEN

FÜR 4–6 PERSONEN

450 g Hähnchenbrustfilets, in mundgerechte Stücke geschnitten

2 getrocknete chinesische Pilze, 20 Min. in warmem Wasser eingeweicht

2 EL Pflanzen- oder Erdnussöl

4 Scheiben Ingwerwurzel

1 TL fein gehackter Knoblauch

1 rote Paprika, in große Würfel geschnitten

1 EL helle Sojasauce

80 g Cashewkerne, geröstet

Marinade

1 TL chinesischer Reiswein

1 Prise Zucker

½ TL Salz

2 EL helle Sojasauce

Für die Marinade alle Zutaten in einer Schüssel verrühren, das Hühnchenfleisch zugeben, wenden und mindestens 20 Minuten marinieren.

Die Pilze gut ausdrücken, die harten Stiele entfernen und die Kappen in feine Streifen schneiden. Das Einweichwasser aufbewahren.

Einen Wok auf mittlerer bis starker Stufe vorheizen, dann 1 Esslöffel Öl zugeben und erhitzen. Den Ingwer darin schwenken, bis er zu duften beginnt. Das Hühnchenfleisch zugeben und 2 Minuten pfannenrühren. Das Fleisch aus dem Wok nehmen, bevor es gebräunt ist, und beiseitestellen. Den Wok mit Küchenpapier sauber auswischen.

Den sauberen Wok auf mittlerer bis starker Stufe wieder vorheizen, dann das restliche Öl zugeben und erhitzen. Den Knoblauch darin schwenken, bis er zu duften beginnt. Pilze und Paprika zufügen und 1 Minute pfannenrühren. Etwa 2 Esslöffel Einweichwasser zugießen und 2 Minuten garen, bis das Wasser verdampft ist. Das Fleisch, die Sojasauce und die Cashewkerne in den Wok geben und 2 Minuten unter Rühren braten, bis das Fleisch gar ist.

HÜHNER-CURRY MIT ERDNÜSSEN

FÜR 4 PERSONEN

1 EL Pflanzen- oder Erdnussöl

2 rote Zwiebeln, in Ringe geschnitten

2 EL Penang-Currypaste

400 ml Kokosmilch

150 ml Hühnerbrühe

4 Kaffir-Limettenblätter, zerzupft

1 Stängel Zitronengras, fein gehackt

6 Hähnchenoberschenkel, gehäutet, entbeint und gewürfelt

1 EL thailändische Fischsauce

2 EL Sojasauce

1 TL Palmzucker oder hellbrauner Zucker

50 g ungesalzene Erdnüsse, geröstet und gehackt, plus etwas mehr zum Garnieren

170 g frische Ananas, in Stücke geschnitten

15-cm-Stück Salatgurke, geschält, längs halbiert, entkernt und in dicke Scheiben geschnitten, plus etwas mehr zum Servieren

Einen Wok auf mittlerer bis starker Stufe vorheizen, dann das Öl hineingießen und erhitzen. Die Zwiebeln zufügen und darin 1 Minute pfannenrühren. Die Currypaste zugeben und 1–2 Minuten mitbraten.

Kokosmilch und Brühe zugießen. Limettenblätter und Zitronengras zugeben und alles 1 Minute köcheln lassen. Das Hähnchenfleisch zufügen, alles vorsichtig aufkochen und dann 8–10 Minuten bei schwacher Hitze köcheln lassen, bis das Fleisch gar ist.

Fischsauce, Sojasauce und Zucker unterrühren und 1–2 Minuten mitköcheln lassen. Erdnüsse, Ananas und Gurke untermengen und 30 Sekunden miterhitzen. Mit Erdnüssen und Gurkenscheiben sofort servieren.

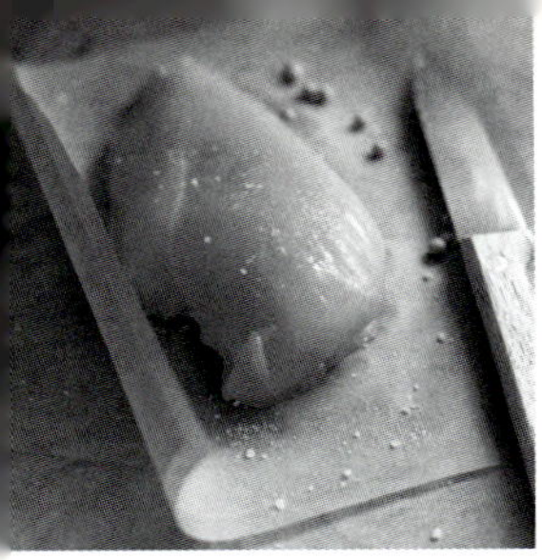

HÜHNCHEN CHOW MEIN

FÜR 4 PERSONEN

250 g asiatische Eiernudeln

2 EL Sonnenblumenöl

280 g Hähnchenbrustfilet, gekocht und in Streifen zerzupft

1 Knoblauchzehe, fein gehackt

1 rote Paprika, in dünne Streifen geschnitten

6 Frühlingszwiebeln, in Ringe geschnitten

100 g Shiitake-Pilze, in Scheiben geschnitten

100 g frische Bohnensprossen

3 EL Sojasauce

1 EL Sesamöl

Die Nudeln in einem Topf mit kochendem Wasser 4 Minuten garen oder nach Packungsanleitung zubereiten. Abgießen, abtropfen lassen und beiseitestellen.

Einen Wok auf mittlerer Stufe vorheizen, dann das Öl zufügen und erhitzen. Hühnerfleisch, Knoblauch, Paprika, Frühlingszwiebeln, Pilze und Bohnensprossen zugeben und etwa 5 Minuten pfannenrühren.

Die Nudeln in den Wok geben, mit den Zutaten gut vermengen und 5 Minuten pfannenrühren. Sojasauce und Sesamöl über das Chow Mein träufeln und mit den anderen Zutaten vermengen.

Das fertige Gericht in vorgewärmte Schalen füllen und sofort servieren.

GRÜNES HÜHNER-CURRY

FÜR 4 PERSONEN

1 EL Pflanzen- oder Erdnussöl

1 Zwiebel, in Ringe geschnitten

1 Knoblauchzehe, fein gehackt

2–3 EL grüne Thai-Currypaste

400 ml Kokosmilch

150 ml Hühnerbrühe

4 Kaffir-Limettenblätter

4 Hähnchenbrustfilets, gewürfelt

1 EL thailändische Fischsauce

2 EL Sojasauce

abgeriebene Schale und Saft von ½ Limette

1 TL Palmzucker oder hellbrauner Zucker

4 EL frisch gehackter Koriander, zum Garnieren

frisch gekochter Jasminreis, zum Servieren

Einen Wok auf mittlerer bis starker Stufe vorheizen, dann das Öl zugeben und erhitzen. Zwiebel und Knoblauch darin 1–2 Minuten unter Rühren anbraten. Die Currypaste zugeben und alles 1–2 Minuten pfannenrühren.

Kokosmilch, Brühe und Limettenblätter zugeben und zum Kochen bringen, dann das Hühnchenfleisch zugeben. Die Hitze reduzieren und alles 15–20 Minuten köcheln lassen, bis das Fleisch gar ist.

Fischsauce, Sojasauce, Limettenschale und -saft und den Zucker unterrühren. Weitere 2–3 Minuten köcheln lassen, bis der Zucker aufgelöst ist. Mit gehacktem Koriander bestreuen und mit frisch gekochtem Jasminreis servieren.

ROTES THAI-HÜHNCHENCURRY

Knoblauch, Chillies, Zitronengras, Limettenschale, Limettenblätter, Currypaste und Koriandersamen im Mixer glatt pürieren.

Einen Wok auf mittlerer bis starker Stufe vorheizen, dann das Öl hineingeben und erhitzen. Das Fleisch dazugeben und 5 Minuten unter Rühren anbraten. Mit Kokosmilch, Brühe und Sojasauce ablöschen und alles zum Kochen bringen. Die Hitze reduzieren und unter Rühren weitere 3 Minuten garen. Die Erdnüsse untermischen und 20 Minuten köcheln lassen.

Frühlingszwiebeln, Paprika und Auberginen dazugeben und unter gelegentlichem Rühren weitere 10 Minuten köcheln lassen. Vom Herd nehmen und den Koriander einrühren. Mit etwas Koriander garnieren und sofort mit frisch gekochtem Jasminreis servieren.

FÜR 4 PERSONEN

6 Knoblauchzehen, gehackt

2 frische rote Chillies, gehackt

2 EL frisch gehacktes Zitronengras

1 TL abgeriebene Limettenschale

1 EL frisch gehackte Kaffir-Limettenblätter

1 EL rote Thai-Currypaste

1 EL Koriandersamen, geröstet und zerstoßen

1 EL Chiliöl

4 Hähnchenbrustfilets, in Streifen geschnitten

300 ml Kokosmilch

300 ml Hühnerbrühe

1 EL Sojasauce

60 g ungesalzene Erdnüsse, geröstet und gemahlen

3 Frühlingszwiebeln, diagonal in Ringe geschnitten

1 rote Paprika, in Streifen

3 Thai-Auberginen, in Scheiben

2 EL frisch gehackter Koriander, plus etwas mehr zum Garnieren

frisch gekochter Jasminreis, zum Servieren

HÜHNCHEN-REIS-PFANNE

Einen Wok auf mittlerer Stufe vorheizen, dann das Öl hineingießen und erhitzen. Die Schalotten zugeben und pfannenrühren. Dann das Hühnerfleisch und 2 Esslöffel Sojasauce zugeben und 5–6 Minuten pfannenrühren.

Karotten, Sellerie, Paprika, Erbsen und Mais zugeben und alles 5 Minuten unter Rühren braten. Dann den Reis unterrühren und gut durcherhitzen.

Zuletzt das Ei und die restliche Sojasauce unterrühren. Alles gut vermengen und sofort servieren.

FÜR 4 PERSONEN

½ EL Sesamöl

6 Schalotten, geviertelt

450 g Hühnerfleisch, gekocht und gewürfelt

3 EL Sojasauce

2 Karotten, gewürfelt

1 Selleriestange, gewürfelt

1 rote Paprika, gewürfelt

170 g Erbsen, Tiefkühlware aufgetaut

100 g Maiskörner aus der Dose, abgetropft

280 g Langkornreis, gekocht

2 große Eier, verquirlt

GEBRATENER REIS MIT HUHN & EI

FÜR 4 PERSONEN

220 g Jasminreis

3 Hähnchenbrustfilets, gewürfelt

400 ml Kokosmilch

50 g schnittfeste Kokoscreme, klein gewürfelt

2–3 Korianderwurzeln, gehackt

sehr dünn abgeriebene Schale von 1 Zitrone

1 frische grüne Chili, entkernt und gehackt

3 frische Thai-Basilikumblätter

1 EL thailändische Fischsauce

1 EL Öl

3 Eier, verquirlt

Zum Garnieren

frischer Schnittlauch

frische Korianderzweige

Den Reis in einem Topf mit köchelndem Wasser 12–15 Minuten garen, gut abtropfen und abkühlen lassen und über Nacht in den Kühlschrank stellen.

Die Hühnchenwürfel in einen Topf geben und mit der Kokosmilch bedecken. Kokoscreme, Korianderwurzeln, Zitronenschale und Chili zugeben und alles vorsichtig aufkochen. 8–10 Minuten köcheln lassen, bis das Fleisch gar ist. Vom Herd nehmen. Basilikum und Fischsauce unterheben.

Inzwischen einen Wok auf mittlerer bis starker Stufe vorheizen, dann das Öl zugießen und erhitzen. Den Reis darin 2–3 Minuten unter Rühren anbraten. Die Eier unterheben und unter Rühren stocken lassen. 4 kleine Becher oder Puddingformen mit Frischhaltefolie auskleiden, den Reis hineinfüllen und gut andrücken. Die Formen vorsichtig auf Servierteller stürzen und die Folie vom Reis abziehen.

Den Reis mit Schnittlauch und Korianderzweigen garnieren und mit dem Hühnchenfleisch servieren.

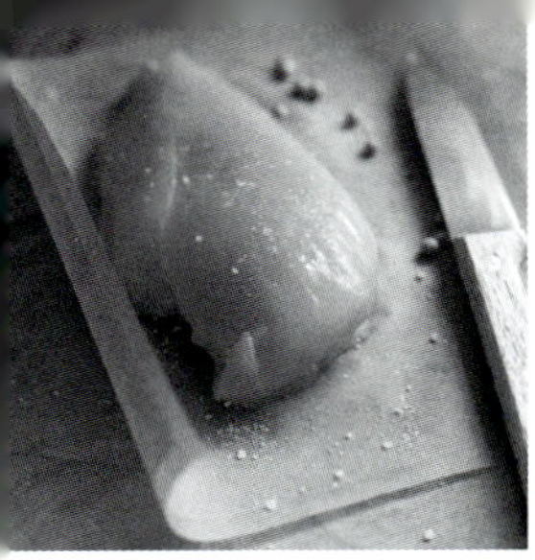

HÜHNCHEN MIT BUNTEM GEMÜSE

Die Hälfte der Sojasauce mit Speisestärke, Reiswein und Salz in einer Schale verrühren.

Die Hühnchenwürfel in eine flache Form geben. Mit der Marinade übergießen, darin wenden und 15 Minuten marinieren.

In einer Schale die restliche Sojasauce mit Brühe und Austernsauce mischen.

Einen Wok auf starker Stufe vorheizen, dann das Öl hineingeben und erhitzen. Die Fleischwürfel dazugeben und 3 Minuten unter Rühren anbraten, bis sie außen nicht mehr rosa sind. Mit einem Schaumlöffel aus dem Wok nehmen und auf Küchenpapier abtropfen lassen.

Die Hitze etwas reduzieren. Ingwer, Knoblauch, weiße Frühlingszwiebelstücke und Pfeffer hineingeben und kurz rühren. Mais, Paprika und Wasserkastanien hinzufügen und 2 Minuten pfannenrühren. Das Fleisch mit Zuckererbsen und Sojasaucenmischung wieder in den Wok geben und 1–2 Minuten pfannenrühren, bis die Sauce etwas eingedickt ist.

Mit den grünen Frühlingszwiebelstücken bestreuen und einige Sekunden erhitzen. Sofort servieren.

FÜR 4–6 PERSONEN

4 TL Sojasauce

1 EL Speisestärke

1 EL chinesischer Reiswein oder trockener Sherry

¼ TL Salz

350 g Hähnchenbrustfilet, gewürfelt

90 ml Chinesische Brühe (siehe Seite 16) oder Hühnerbrühe

1 EL Austernsauce

4 EL Erdnussöl

1 TL fein gehackter frischer Ingwer

1 große Knoblauchzehe, in feine Scheiben geschnitten

4 Frühlingszwiebeln, weiße und grüne Teile separat, diagonal in 2 cm lange Stücke geschnitten

½ EL weiße Pfefferkörner, zerstoßen

8 Babymaiskolben, längs halbiert

½ kleine rote Paprika, in feine Streifen geschnitten

150 g Wasserkastanien aus der Dose, abgespült und abgetropft

120 g Zuckererbsen, längs halbiert

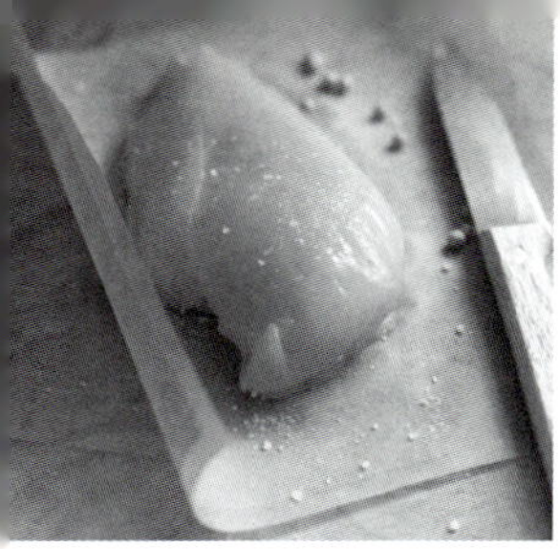

INGWERHUHN MIT SESAM

Für die Marinade die Zutaten in einer Schüssel verrühren. Das Fleisch zugeben und in der Marinade wenden. Mit Frischhaltefolie abdecken und 1 Stunde zum Marinieren in den Kühlschrank stellen.

Die Hähnchenstücke mit einem Schaumlöffel aus der Marinade nehmen. Einen Wok auf mittlerer bis starker Stufe vorheizen, dann das Öl zufügen und erhitzen. Das Fleisch zusammen mit dem Porree in den Wok geben. So lange pfannenrühren, bis das Fleisch Farbe angenommen hat und der Porree weich geworden ist. Restliches Gemüse, Ingwer und Wein einrühren. Die Hitze reduzieren, den Wok abdecken und das Gericht 5 Minuten köcheln lassen.

Den Sesam in eine Pfanne geben und ohne Fett kurz unter Rühren anrösten. Auf einen Teller geben und abkühlen lassen.

In einer Tasse die Speisestärke mit dem Wasser verrühren. Dann in den Wok geben und gut unterrühren. So lange köcheln lassen, bis die Flüssigkeit etwas eingedickt ist.

Den gerösteten Sesam über das Gericht streuen und heiß servieren.

FÜR 4 PERSONEN

500 g Hähnchenbrustfilet, in Streifen geschnitten

2 EL Erdnussöl

1 Porreestange, in dünne Ringe geschnitten

1 Brokkoli, in Röschen zerteilt

2 Karotten, in dünne Scheiben geschnitten

½ Blumenkohl, in Röschen zerteilt

1 TL frisch geriebener Ingwer

5 EL Weißwein

2 EL Sesamsaat

1 EL Speisestärke

1 EL Wasser

Marinade

4 EL Sojasauce

4 EL Wasser

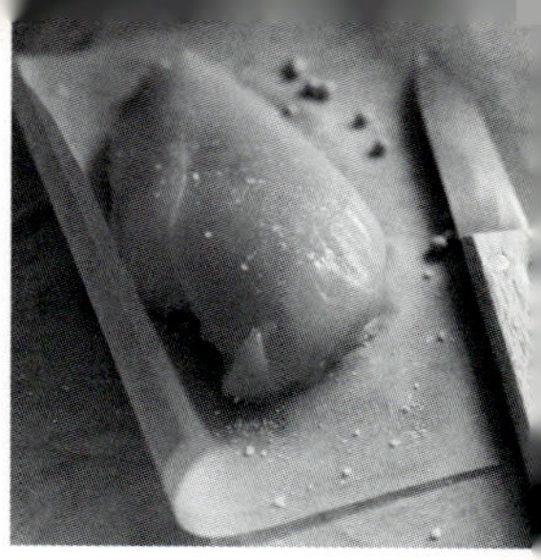

HUHN MIT GRÜNEM GEMÜSE

FÜR 4 PERSONEN

250 g asiatische Eiernudeln

2 EL Erdnuss- oder Maiskeimöl

1 große Knoblauchzehe, zerdrückt

1 frische grüne Chili, entkernt und in Ringe geschnitten

1 EL chinesisches Fünf-Gewürze-Pulver

2 Hähnchenbrustfilets, in dünne Streifen geschnitten

2 grüne Paprika, in Streifen geschnitten

120 g Brokkoli, in kleine Röschen zerteilt

60 g Prinzessbohnen, in 4 cm lange Stücke geschnitten

5 EL Gemüse- oder Hühnerbrühe

2 EL Austernsauce

2 EL Sojasauce

1 EL chinesischer Reiswein oder trockener Sherry

100 g frische Bohnensprossen

Die Nudeln in einem Topf mit kochendem Wasser 4 Minuten garen oder nach Packungsanleitung zubereiten. Abgießen, mit kaltem Wasser abschrecken, abtropfen lassen und beiseitestellen.

Einen Wok auf starker Stufe vorheizen, dann 1 Esslöffel Öl hineingießen und erhitzen. Knoblauch, Chili sowie Fünf-Gewürze-Pulver zugeben und 30 Sekunden anbraten. Das Fleisch zugeben, 3 Minuten garen, mit einem Schaumlöffel herausnehmen und beiseitestellen.

Das restliche Öl im Wok erhitzen. Paprika, Brokkoli und Bohnen darin 4 Minuten pfannenrühren. Brühe, Austernsauce, Sojasauce und Reiswein zugeben, dann das Fleisch wieder zufügen. Alles unter ständigem Rühren 1 Minute erhitzen, bis das Gemüse gar, aber noch bissfest ist. Nudeln und Bohnensprossen zugeben und alles mit 2 Gabeln vermengen. Sofort servieren.

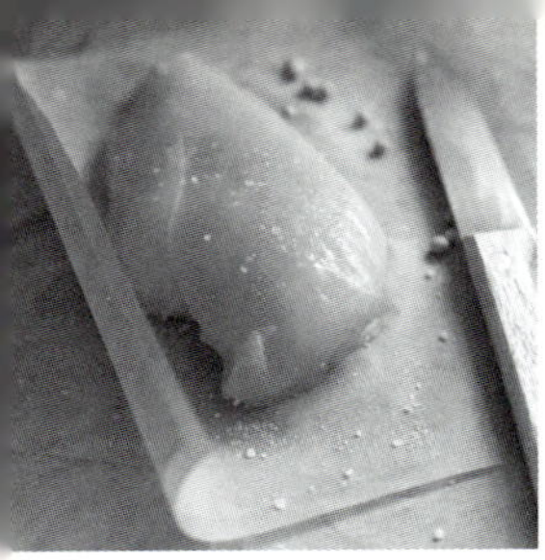

SÜSSSAURE NUDELN MIT HUHN

Die Nudeln in einem Topf mit kochendem Wasser 4 Minuten garen oder nach Packungsanleitung zubereiten. Abgießen, mit kaltem Wasser abschrecken, abtropfen lassen und beiseitestellen.

Inzwischen für die Sauce die Hälfte des Wassers mit dem Pfeilwurzelmehl in einer Schale verrühren und beiseitestellen. Die restlichen Saucenzutaten und in einen kleinen Topf geben und verrühren. Aufkochen lassen, das angerührte Pfeilwurzelmehl zugeben und die Sauce unter Rühren kochen, bis sie andickt und klar wird. Vom Herd nehmen und beiseitestellen.

Einen Wok auf starker Stufe vorheizen, dann das Öl zugeben und erhitzen. Die Zwiebel darin 1 Minute anbraten. Fleisch, Karotte und Paprika zugeben und 3 Minuten unter Rühren braten, bis das Fleisch gar ist. Bambussprossen und Cashewkerne zufügen und rühren, bis die Kerne hellbraun werden.

Die Sauce zugießen und alles aufkochen, bis es zu brodeln beginnt. Zuletzt die Nudeln zugeben und mit zwei Gabeln unterheben. Sofort servieren.

FÜR 4 PERSONEN

250 g asiatische Eiernudeln

2 EL Erdnuss- oder Maiskeimöl

1 Zwiebel, in dünne Ringe geschnitten

4 Hähnchenoberschenkel, gehäutet, entbeint und in dünne Streifen geschnitten

1 Karotte, längs halbiert und in Scheiben geschnitten

1 rote Paprika, fein gehackt

100 g Bambussprossen aus der Dose, abgespült und abgetropft

60 g Cashewkerne

Süßsaure Sauce

125 ml Wasser

1½ EL Pfeilwurzelmehl oder Speisestärke

4 EL Reisessig

3 EL hellbrauner Zucker

2 TL dunkle Sojasauce

2 TL Tomatenmark

2 Knoblauchzehen, fein gehackt

1-cm-Stück Ingwerwurzel, sehr fein gehackt

1 Prise Salz

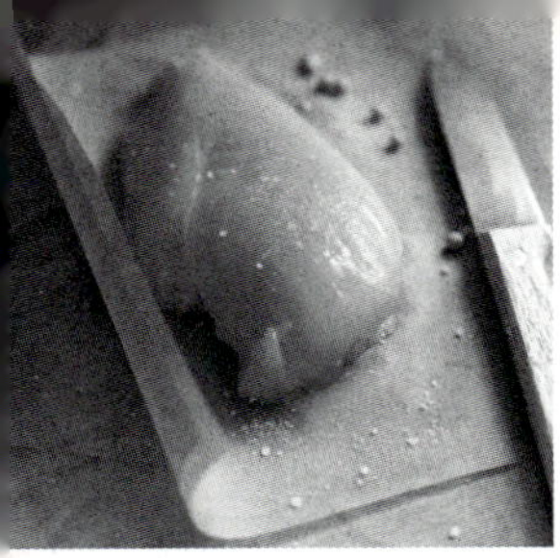

YAKI SOBA

FÜR 2 PERSONEN

400 g Ramen (japanische Weizennudeln)

1 Zwiebel, in dünne Ringe geschnitten

200 g frische Bohnensprossen

1 rote Paprika, in feine Streifen geschnitten

1 Hähnchenbrustfilet (etwa 150 g), gekocht und in Streifen geschnitten

12 gekochte Garnelen, ausgelöst

1 EL Erdnussöl

2 EL Shoyu (japanische Sojasauce)

½ EL Mirin (japanischer Reiswein)

1 TL Sesamöl

Zum Garnieren

1 TL geröstete Sesamsaat

2 Frühlingszwiebeln, in feine Ringe geschnitten

Die Nudeln nach Packungsanleitung kochen, gut abtropfen lassen und in eine Schüssel geben.

Zwiebel, Bohnensprossen, Paprika, Fleisch und Garnelen in einer anderen Schüssel vermischen und unter die Nudeln heben.

Den Wok auf hoher Stufe vorheizen. Das Öl hineingeben und stark erhitzen. Die Nudelmischung darin 4 Minuten pfannenrühren, bis die Nudeln goldbraun sind. Dann Sojasauce, Mirin und Sesamöl zugeben und verrühren.

Die Nudeln auf 2 Schüsseln verteilen, mit Sesam und Frühlingszwiebeln bestreuen und sofort servieren.

NUDELKÖRBCHEN MIT LIMETTEN-GEFLÜGELSALAT

FÜR 4 PERSONEN

Pflanzen- oder Erdnussöl, zum Frittieren

250 g frische asiatische Eiernudeln

Limetten-Geflügelsalat

90 g Crème fraîche

90 g Mayonnaise

2,5-cm-Stück Ingwerwurzel, gerieben

abgeriebene Schale und Saft von 1 Limette

4 Hähnchenoberschenkel, gehäutet, entbeint, gekocht, abgekühlt und in dünne Streifen geschnitten

1 Karotte, gerieben

1 Salatgurke, längs halbiert, entkernt und in Scheiben geschnitten

Salz und Pfeffer

1 EL frisch gehackter Koriander

1 EL frisch gehackte Minze

1 EL frisch gehackte Petersilie

Um die Nudelkörbchen zu formen, benötigt man ein langstieliges Set aus 2 Gitterlöffeln bzw. Frittierlöffeln, die ineinanderpassen. Man bekommt sie in asiatischen Lebensmittelläden.

Einen Wok mit reichlich Öl füllen und auf 180 °C erhitzen (ein Brotwürfel bräunt darin in 30 Sekunden). Den größeren Löffel ins Öl tauchen und mit einem Viertel der Nudelmenge auslegen. Den kleineren Löffel ins Öl tauchen, in den größeren drücken und die Griffe verschließen. Die Löffel ins heiße Öl tauchen und die Nudeln 2–3 Minuten goldbraun frittieren. Herausnehmen und abtropfen lassen. Die Nudelkörbchen mit einem Messer vorsichtig aus den Löffeln lösen und auf Küchenpapier abtropfen lassen.

Für den Salat Crème fraîche, Mayonnaise, Ingwer und Limettenschale verrühren. Nach und nach den Limettensaft, Menge nach Geschmack, zugeben. Fleisch, Karotte und Gurke zufügen und mit Salz und Pfeffer abschmecken. Abdecken und kalt stellen.

Kurz vor dem Servieren die Kräuter in den Salat einrühren und die Nudelkörbchen damit füllen.

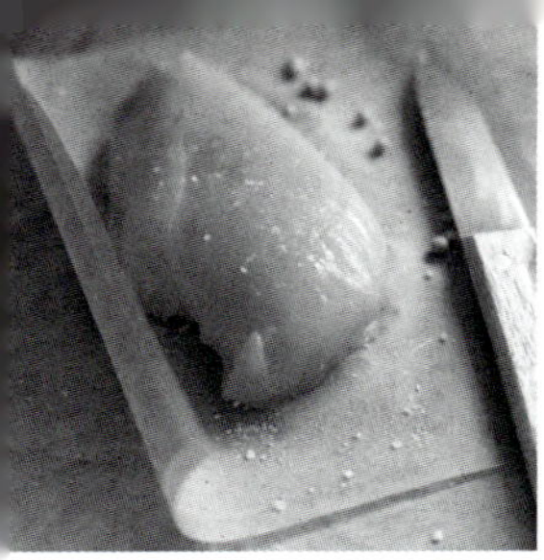

PUTE MIT BAMBUSSPROSSEN

Für die Marinade alle Zutaten in einer Schüssel verrühren. Das Putenfleisch unterheben. Mit Frischhaltefolie abdecken und 3–4 Stunden im Kühlschrank marinieren.

Einen Wok auf starker Stufe vorheizen, dann das Öl hineingießen und erhitzen. Das Putenfleisch mit einem Schaumlöffel aus der Marinade nehmen (die Marinade aufbewahren) und im Wok kurz anbraten. Das Fleisch aus dem Wok nehmen und beiseitestellen.

Pilze, Paprika und Zucchini in den Wok geben und 3 Minuten pfannenrühren. Die Frühlingszwiebeln zugeben und 1 weitere Minute mitbraten. Bambussprossen und Wasserkastanien zufügen, dann das Putenfleisch mit der Hälfte der Marinade zugeben. Alles 2–3 Minuten bei mittlerer Stufe erhitzen und rühren, bis die Marinade etwas eingekocht ist.

Sofort heiß aus dem Wok mit Zitronenvierteln servieren.

FÜR 4 PERSONEN

450 g Putenbrust, gewürfelt

1 EL Sesamöl

120 g kleine Champignons, halbiert

1 grüne Paprika, in Streifen geschnitten

1 Zucchini, in dünne Scheiben geschnitten

4 Frühlingszwiebeln, längs geviertelt und in Stücke geschnitten

120 g Bambussprossen aus der Dose, abgespült und abgetropft

120 g Wasserkastanien aus der Dose, abgespült, abgetropft und in Scheiben geschnitten

Zitronenviertel, zum Servieren

Marinade

4 EL süßer Sherry

1 EL Zitronensaft

1 EL Sojasauce

2 TL frisch geriebener Ingwer

1 Knoblauchzehe, zerdrückt

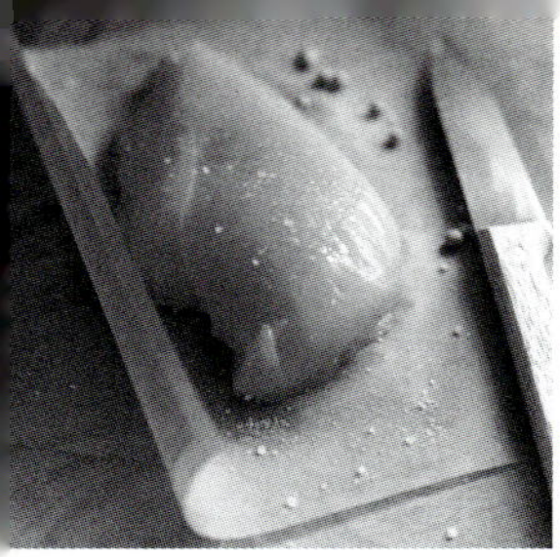

PUTEN-TERIYAKI

Die Zutaten für die Glasur in einen kleinen Topf geben und bei kleiner bis mittlerer Hitze rühren, bis sich der Honig aufgelöst hat. Den Topf vom Herd nehmen und die Glasur etwas abkühlen lassen.

Die Putenstreifen in eine große, flache Form geben, mit der Glasur überziehen und darin wenden. Bei Zimmertemperatur 30 Minuten oder im Kühlschrank über Nacht marinieren.

Die Putenstreifen mit einem Schaumlöffel herausnehmen und gut abtropfen lassen. Die Glasur-Marinade auffangen.

Einen Wok auf mittlerer bis starker Stufe vorheizen, dann das Öl hineingeben und erhitzen. Die Putenstreifen darin 2 Minuten unter Rühren anbraten. Paprika und Frühlingszwiebeln hinzufügen und 1 Minute pfannenrühren. Mit der Glasur-Marinade ablöschen und zum Kochen bringen. Die Hitze etwas reduzieren und 3–4 Minuten köcheln lassen, bis die Putenstreifen gar sind.

Fleisch und Gemüse mit einem Schaumlöffel in eine vorgewärmte Servierform füllen. Die im Wok verbliebene Sauce einkochen, bis sie eine sirupartige Konsistenz hat, dann über das Gericht gießen. Sofort mit frisch gekochtem Reis servieren.

FÜR 4 PERSONEN

450 g Putenschnitzel, in Streifen geschnitten

3 EL Erdnussöl

1 kleine gelbe Paprika, in dünne Streifen geschnitten

8 Frühlingszwiebeln, diagonal in 2,5 cm lange Stücke geschnitten

frisch gekochter Reis, zum Servieren

Teriyaki-Glasur

5 EL Shoyu (japanische Sojasauce)

5 EL Mirin (japanischer Reiswein)

2 EL flüssiger Honig

1 TL fein gehackter frischer Ingwer

PUTE MIT PAK CHOI & PILZEN

FÜR 4 PERSONEN

220 g asiatische Eiernudeln

3 EL Erdnussöl

1 große Knoblauchzehe, in feine Scheiben geschnitten

2 TL fein gehackter frischer Ingwer

450 g Putenschnitzel, in feine Streifen geschnitten

170 g braune Champignons, in feine Scheiben geschnitten

600 g Pak Choi, Stiele in 2,5 cm große Quadrate, Blätter in breite Streifen geschnitten

4 Frühlingszwiebeln, diagonal in 2,5 cm große Stücke geschnitten

1 EL helle Sojasauce

Salz und Pfeffer

2 EL frisch gehackter Koriander

Die Nudeln in einem Topf mit kochendem Wasser 4 Minuten garen oder nach Packungsanleitung zubereiten. Das Wasser abgießen, die Nudeln gut abtropfen, dann abkühlen lassen.

Einen Wok auf mittlerer bis starker Stufe vorheizen, dann das Öl hineingeben und erhitzen. Knoblauch und Ingwer einige Sekunden unter Rühren anbraten, um das Öl zu aromatisieren.

Die Putenstreifen hineingeben und 2 Minuten unter Rühren anbraten, bis sie außen nicht mehr rosa sind. Pilze und Pak-Choi-Stiele dazugeben und 2 Minuten pfannenrühren. Pak-Choi-Blätter und Frühlingszwiebeln hinzufügen und weitere 2 Minuten pfannenrühren. Nudeln und Sojasauce untermischen. Mit Salz und Pfeffer abschmecken und weitergaren, bis die Nudeln heiß sind. Dann den Koriander unterheben. Sofort servieren.

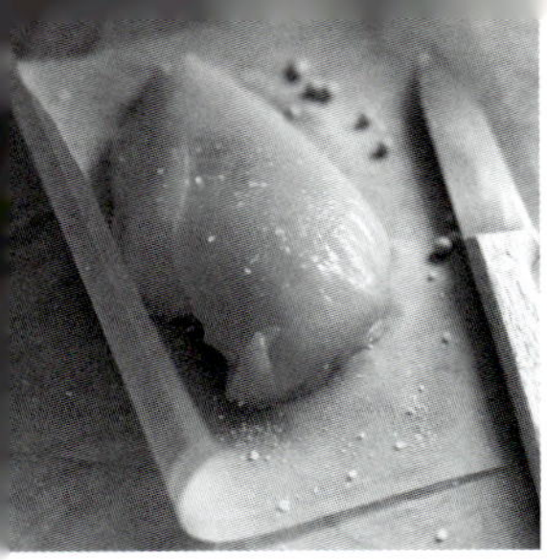

PUTE MIT HOISIN-SAUCE & CASHEWKERNEN

Für die Marinade die Speisestärke in einer Schale mit dem Reiswein anrühren. Pfeffer, Salz, Eiweiß und Sesamöl sorgfältig einarbeiten. Die Putenwürfel in eine flache Form geben, mit der Marinade übergießen und darin wenden. Dann 30 Minuten marinieren.

Einen Wok auf starker Stufe vorheizen, 3 Esslöffel Erdnussöl hineingeben und erhitzen. Knoblauch und weiße Frühlingszwiebelstücke dazugeben und einige Sekunden anbraten, um das Öl zu aromatisieren. Die Hitze etwas reduzieren, die Putenwürfel hineingeben und 2 Minuten unter Rühren anbraten, bis sie außen nicht mehr rosa sind. Den Reiswein dazugeben. Alles mit einem Schaumlöffel auf einen Teller heben.

Die Hitze wieder erhöhen und das restliche Erdnussöl unter Schwenken des Woks erhitzen. Dann die Hoisin-Sauce einrühren. Das Fleisch samt Bratensaft wieder in den Wok geben und 2–3 Minuten pfannenrühren, bis das Fleisch mit der Sauce überzogen und durchgegart ist. Cashewkerne und grüne Frühlingszwiebelstücke untermischen und kurz miterhitzen. In einer vorgewärmten Servierform anrichten und sofort servieren.

FÜR 4 PERSONEN

450 g Putenschnitzel, gewürfelt

4 EL Erdnussöl

3 große Knoblauchzehen, in feine Scheiben geschnitten

4 Frühlingszwiebeln, weißer und grüner Teil separat, diagonal in 2 cm lange Stücke geschnitten

1 EL chinesischer Reiswein oder trockener Sherry

3 EL Hoisin-Sauce

4 EL Cashewkerne

Marinade

1 TL Speisestärke

1 EL chinesischer Reiswein oder trockener Sherry

1/4 TL weißer Pfeffer

1/2 TL Salz

1/2 Eiweiß, leicht verquirlt

2 TL Sesamöl

ENTE MIT MAIS & ANANAS

FÜR 4 PERSONEN

- 4 Entenbrustfilets, ohne Haut
- 1 TL chinesisches Fünf-Gewürze-Pulver
- 1 EL Speisestärke
- 1 EL Chiliöl
- 220 g Schalotten, halbiert
- 2 Knoblauchzehen, zerdrückt
- 100 g Babymaiskolben
- 170 g Ananasstücke aus der Dose, abgetropft
- 6 Frühlingszwiebeln, in Ringe geschnitten
- 100 g frische Bohnensprossen
- 2 EL Pflaumensauce

Die Entenbrüste in dünne Streifen schneiden.

Fünf-Gewürze-Pulver und Speisestärke in einer großen Schüssel vermengen. Die Fleischstreifen gleichmäßig in der Gewürze-Stärke-Mischung wenden.

Einen Wok auf starker Stufe vorheizen, dann das Öl zufügen und erhitzen. Das Fleisch darin 10 Minuten unter Rühren knusprig anbraten. Herausnehmen und beiseitestellen.

Schalotten und Knoblauch in den Wok geben und 5 Minuten braten. Den Mais zugeben und 5 Minuten pfannenrühren. Ananas, Frühlingszwiebeln und Bohnensprossen zufügen. Alles weitere 3–4 Minuten pfannenrühren. Dann die Pflaumensauce unterrühren.

Das Fleisch wieder in den Wok geben und gut mit den anderen Zutaten vermengen. Heiß servieren.

ENTE MIT DREIERLEI ERBSEN

FÜR 4 PERSONEN

450 g Entenbrustfilet, ohne Haut

3 EL Erdnussöl

6 große Frühlingszwiebeln, weiße und grüne Teile separat, diagonal in 2 cm lange Stücke geschnitten

1 TL fein gehackter frischer Ingwer

170 g Kaiserschoten

120 g Zuckererbsen, diagonal halbiert

150 g Erbsen, Tiefkühlware aufgetaut

3 EL ganze Mandeln, längs halbiert

60 g frische Bohnensprossen

frisch gekochte asiatische Nudeln, zum Servieren

Marinade

1 EL hellbrauner Zucker

3 EL warmes Wasser

1–2 frische rote Chillies, entkernt und sehr fein gehackt

1 EL Sojasauce

1 TL thailändische Fischsauce

Die Zutaten für die Marinade in einer Schüssel verrühren, bis sich der Zucker aufgelöst hat. Die Entenbrüste in mundgerechte Stücke schneiden und in der Marinade wenden. Bei Zimmertemperatur 30 Minuten oder im Kühlschrank über Nacht marinieren.

Einen Wok auf starker Stufe vorheizen, dann das Öl hineingeben und erhitzen. Weiße Frühlingszwiebelstücke und Ingwer einige Sekunden darin anbraten. Entenbruststücke samt Marinade dazugeben und etwa 5 Minuten unter Rühren anbraten. Wenn die Marinade etwas reduziert ist, alle Erbsen dazugeben und weitere 2–3 Minuten pfannenrühren.

Mandeln, Bohnensprossen und grüne Frühlingszwiebelstücke untermischen und einige Sekunden erhitzen. Sofort mit den frisch gekochten Nudeln servieren.

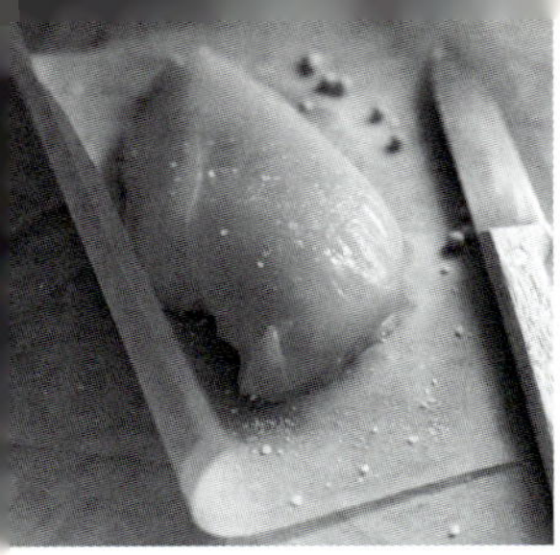

ENTE MIT BUNTEM PAPRIKAGEMÜSE

Einen Wok auf starker Stufe vorheizen, dann das Öl zufügen und erhitzen. Die Entenbrüste mit der Hautseite nach unten darin 5–10 Minuten bei starker Hitze anbraten, bis sie knusprig braun sind. Wenden und 5 Minuten weiterbraten, bis das Fleisch durchgegart ist. Herausnehmen und warm stellen.

Überschüssiges Fett aus dem Wok abgießen. Zwiebel und Knoblauch 2–3 Minuten unter Rühren hellbraun anbraten.

Die Paprika zugeben und unter Rühren 2–3 Minuten garen. Tomaten, Brühe und Sojasauce zugeben und 1–2 Minuten köcheln lassen. Auf eine Servierplatte geben. Die Entenbrust in Scheiben schneiden und auf dem Gemüse anrichten. Mit der Chilisauce beträufeln und sofort mit den Nudeln servieren.

FÜR 4 PERSONEN

1 EL Pflanzen- oder Erdnussöl

2 Entenbrustfilets, mit Haut

1 Zwiebel, in Ringe geschnitten

2 Knoblauchzehen, gehackt

1 rote Paprika, in Streifen geschnitten

1 grüne Paprika, in Streifen geschnitten

1 gelbe Paprika, in Streifen geschnitten

4 Tomaten, gehäutet, entkernt und gehackt

150 ml Brühe

3 EL Sojasauce

4 EL süße Chilisauce

frisch gekochte, mit gehackten Frühlingszwiebeln garnierte asiatische Nudeln, zum Servieren

ENTE MIT BOHNEN & BROKKOLI

Die Entenbrustfilets häuten und das Fleisch in 5 mm dünne Streifen schneiden.

Die Bohnen 30 Minuten in kaltem Wasser quellen lassen, dann abgießen und abtropfen lassen.

Sojasauce, Essig und Zucker in einer Schale verrühren, bis sich der Zucker aufgelöst hat.

Den Brokkoli in kleine, maximal 2 cm breite Röschen zerteilen. Den Stiel in feine Scheiben schneiden.

Einen Wok auf mittlerer Stufe vorheizen, dann das Öl hineingeben und erhitzen. Ingwer, Chili und Knoblauch einige Sekunden anbraten, um das Öl zu aromatisieren. Dann Bohnen, Brokkoli und Paprika hinzufügen. Die Hitze erhöhen und 2 Minuten pfannenrühren.

Das Entenfleisch untermischen und 2 Minuten unter Rühren anbraten. Mit der Sojasaucenmischung ablöschen und weitere 2 Minuten pfannenrühren. Sofort servieren.

FÜR 2–3 PERSONEN

- 2 kleine Entenbrustfilets (450 g), mit Haut
- 2 EL eingelegte schwarze Bohnen
- 1½ EL Sojasauce
- 1 EL Reisessig
- 2 TL Zucker
- 200 g Brokkoli
- 3 EL Erdnussöl
- 2,5-cm-Stück Ingwerwurzel, in sehr feine Stifte geschnitten
- 1 frische rote Chili, entkernt und diagonal in feine Streifen geschnitten
- 1 große Knoblauchzehe, in feine Scheiben geschnitten
- ½ rote Paprika, in dünne Streifen geschnitten

KANTONESISCHE ENTE SÜSSSAUER

FÜR 6 PERSONEN

2 Entenbrustfilets (550 g) , mit Haut

Salz und Pfeffer

½ EL Sojasauce

2 TL Erdnussöl

4-cm-Stück Salatgurke, geschält und längs in feine Stifte geschnitten, zum Garnieren

Sauce

1 EL Speisestärke

125 ml Chinesische Brühe (siehe Seite 16) oder Hühnerbrühe

1½ EL Sojasauce

1½ EL Reisessig

2 EL Zucker

1 EL Tomatenmark

1 EL Orangensaft

2 TL Erdnussöl

3 dünne Scheiben Ingwerwurzel

Jede Entenbrust in drei Stücke schneiden und in eine Form legen. Mit Salz, Pfeffer und der Hälfte der Sojasauce einreiben.

Einen Wok auf mittlerer bis starker Stufe vorheizen, dann das Öl hineingeben und erhitzen. Das Entenfleisch zunächst mit der Hautseite nach unten unter gelegentlichem Wenden 8 Minuten goldbraun und knusprig braten. Die Fleischstücke mit einer Küchenzange auf einen Teller heben, warm halten und 10 Minuten ruhen lassen. Das Öl abgießen und den Wok mit Küchenpapier sauber auswischen. Das Entenfleisch in 1 cm breite Streifen schneiden (das Fleisch sollte innen einen rosa Kern haben).

Für die Sauce die Speisestärke in einer Tasse mit 3 Esslöffeln Brühe anrühren. Sojasauce, Essig und Zucker in einer Schale verrühren, bis sich der Zucker aufgelöst hat. Tomatenmark und Orangensaft sorgfältig einarbeiten.

Das Öl im sauberen Wok auf mittlerer Stufe erhitzen. Die Ingwerscheiben hineingeben und einige Sekunden anbraten, um das Öl zu aromatisieren. Sojasaucenmischung und restliche Brühe dazugießen und zum Kochen bringen. Die Hitze etwas reduzieren und die Speisestärkemischung einrühren. Weiterrühren, bis die Sauce eindickt. Dann die Entenscheiben dazugeben. Bei kleiner Hitze 5 Minuten köcheln lassen, bis das Entenfleisch halb durchgegart ist und noch einen rosa Kern hat.

Die Ingwerscheiben entfernen. Die Gurkenstifte auf einer vorgewärmten Servierplatte verteilen und die Entenscheiben darauf anrichten. Mit Sauce überziehen. Sofort servieren.

FISCH & MEERESFRÜCHTE

CHILLIES MIT FISCH-INGWER-FÜLLUNG

Für die Marinade alle Zutaten in einer Schüssel verrühren, den Fisch zugeben, alles durchmengen und darin 20 Minuten marinieren. Das Ei zufügen und alles von Hand zu einer glatten Paste verarbeiten.

Die Chillies längs halbieren, entkernen und in mundgerechte Stücke schneiden. Die Chilistücke jeweils mit etwa ½ Teelöffel Fischpaste füllen.

Einen Wok auf mittlerer bis starker Stufe vorheizen, dann reichlich Öl zugeben und erhitzen. Die Chillies darin rundum goldbraun frittieren. Mit einem Schaumlöffel herausnehmen, abtropfen lassen und beiseitestellen.

Einen sauberen Wok auf mittlerer bis starker Stufe vorheizen, dann 1 Esslöffel Öl hineingießen und erhitzen. Den Knoblauch darin schwenken, bis er zu duften beginnt. Die Bohnen einrühren, dann Sojasauce und Zucker zufügen. Die Chilistücke in den Wok geben und das Wasser zugießen. Abgedeckt bei schwacher Hitze 5 Minuten köcheln lassen. Sofort servieren.

FÜR 4–6 PERSONEN

220 g Weißfischfilet, durch den Fleischwolf gedreht oder sehr fein gehackt

2 EL leicht verquirltes Ei

4–6 frische milde rote und grüne Chillies

Pflanzen- oder Erdnussöl, zum Frittieren

2 Knoblauchzehen, fein gehackt

½ TL eingelegte schwarze Bohnen, abgespült und leicht zerdrückt

1 EL helle Sojasauce

1 Prise Zucker

1 EL Wasser

Marinade

1 TL fein gehackter frischer Ingwer

1 Prise Salz

1 Prise weißer Pfeffer

½ TL Pflanzen- oder Erdnussöl

FISCH MIT PINIENKERNEN

Die Fischstücke in eine Schüssel geben, mit dem Salz bestreuen und 20 Minuten ziehen lassen. Die Pilze gut ausdrücken, die harten Stiele entfernen und die Kappen in feine Streifen schneiden.

Einen Wok auf mittlerer bis starker Stufe vorheizen, dann 2 Esslöffel Öl hineingeben und erhitzen. Die Fischstücke darin 3 Minuten unter Rühren braten. Herausnehmen, abtropfen lassen und beiseitestellen. Den Wok mit Küchenpapier sauber auswischen.

Den Wok zurück auf den Herd stellen, auf mittlerer bis starker Stufe vorheizen, das restliche Öl hineingeben und erhitzen. Den Ingwer darin schwenken, bis er zu duften beginnt. Frühlingszwiebel, Paprika, Bambussprossen, Pilze und Reiswein zugeben und alles 1–2 Minuten pfannenrühren.

Den Fisch wieder zufügen und unter Rühren erhitzen. Mit den Pinienkernen bestreuen und sofort servieren.

FÜR 4–6 PERSONEN

- 450 g Weißfischfilet, in 2,5 cm große Würfel geschnitten
- ½ TL Salz
- 2 getrocknete chinesische Pilze, 20 Min. in warmem Wasser eingeweicht
- 3 EL Pflanzen- oder Erdnussöl
- 2,5-cm-Stück Ingwerwurzel, in feine Stifte geschnitten
- 1 EL in Ringe geschnittene Frühlingszwiebel
- 1 rote Paprika, in 2,5 cm große Stücke geschnitten
- 1 grüne Paprika, in 2,5 cm große Stücke geschnitten
- 30 g Bambussprossen, frisch oder aus der Dose, abgespült, abgetropft und in kleine Würfel geschnitten (frische Sprossen 30 Min. kochen)
- 2 TL Shaoxing-Reiswein
- 2 EL geröstete Pinienkerne, zum Garnieren

REISNUDELN MIT MARINIERTEM FISCH

FÜR 4 PERSONEN

450 g Seeteufel- oder Kabeljaufilet, gewürfelt

220 g Lachsfilet, gewürfelt

120 g asiatische Reisbandnudeln

2 EL Pflanzen- oder Erdnussöl

2 Schalotten, gehackt

2 Knoblauchzehen, fein gehackt

1 frische rote Chili, entkernt und gehackt

2 EL Sojasauce

2 EL Chilisauce

frisch gehackter Koriander, zum Garnieren

Marinade

2 EL Pflanzen- oder Erdnussöl

2 frische grüne Chillies, entkernt und gehackt

abgeriebene Schale und Saft von 1 Limette

1 EL Fischsauce

Die Fischwürfel in eine flache, nichtmetallene Schüssel geben. Für die Marinade alle Zutaten in einer kleinen Schüssel verrühren und über den Fisch gießen. Mit Frischhaltefolie abdecken und 2 Stunden im Kühlschrank marinieren.

Die Nudeln in eine Schüssel geben, mit reichlich lauwarmem Wasser bedecken und 15 Minuten quellen lassen oder nach Packungsanleitung zubereiten. Abgießen und gut abtropfen lassen.

Einen Wok auf mittlerer bis starker Stufe vorheizen, dann das Öl zugeben und erhitzen. Schalotten, Knoblauch und rote Chili darin hellbraun anbraten. Soja- und Chilisauce unterrühren. Die Fischwürfel mit der Marinade in den Wok geben und 2–3 Minuten vorsichtig pfannenrühren, bis der Fisch gar ist.

Die abgetropften Nudeln zugeben und vorsichtig unterheben. Mit Koriander garnieren und sofort servieren.

FISCH-CURRY MIT REISNUDELN

Einen Wok auf mittlerer bis starker Stufe vorheizen, dann das Öl zugeben und erhitzen. Zwiebel, Knoblauch und Champignons darin pfannenrühren, aber nicht bräunen.

Fisch, Currypaste und Kokosmilch zugeben und langsam aufkochen. 2–3 Minuten bei schwacher Hitze köcheln lassen, dann die Hälfte des Korianders, Zucker und Fischsauce unterheben. Warm stellen.

Die Nudeln in eine Schüssel geben, mit lauwarmem Wasser bedecken und 15 Minuten quellen lassen oder nach Packungsanleitung zubereiten. Dann abgießen und in einem Sieb gut abtropfen lassen. Das Sieb mit den Nudeln auf einen Topf mit siedendem Wasser setzen. Frühlingszwiebeln, Bohnensprossen und den größten Teil des Basilikums auf die Nudeln geben und 1–2 Minuten mitdämpfen.

Die Nudeln auf vorgewärmte Teller verteilen und das Fisch-Curry darübergeben. Mit dem übrigen Koriander bestreuen und mit dem Basilikum garniert sofort servieren.

FÜR 4 PERSONEN

2 EL Pflanzen- oder Erdnussöl
1 große Zwiebel, gehackt
2 Knoblauchzehen, gehackt
70 g kleine Champignons
220 g Seeteufelfilet, in 2,5 cm große Würfel geschnitten
220 g Lachsfilet, in 2,5 cm große Würfel geschnitten
220 g Kabeljaufilet, in 2,5 cm große Würfel geschnitten
2 EL rote Thai-Currypaste
400 ml Kokosmilch
1 Handvoll frisch gehackter Koriander
1 TL hellbrauner Zucker
1 TL thailändische Fischsauce
120 g asiatische Reisnudeln
3 Frühlingszwiebeln, gehackt
60 g frische Bohnensprossen
einige frische Thai-Basilikumblätter

SEETEUFEL AUS DEM WOK

FÜR 4 PERSONEN

2 TL Sesamöl

450 g Seeteufelfilets, in 2,5 cm große Würfel geschnitten

1 Zwiebel, in dünne Ringe geschnitten

3 Knoblauchzehen, fein gehackt

1 TL frisch geriebener Ingwer

220 g grüne Spargelspitzen

170 g Pilze, in feine Scheiben geschnitten

2 EL Sojasauce

1 EL Zitronensaft

Einen Wok auf mittlerer bis starker Stufe vorheizen, dann das Öl zugeben und erhitzen. Fisch, Zwiebel, Knoblauch, Ingwer, Spargel und Pilze zugeben und 2–3 Minuten pfannenrühren.

Sojasauce und Zitronensaft einrühren und 1 weitere Minute braten. Den Wok vom Herd nehmen und die Mischung in eine vorgewärmte Servierschüssel geben. Das Gericht sofort servieren.

SEETEUFEL MIT LIMETTEN-CHILI-SAUCE

FÜR 4 PERSONEN

- 4 Seeteufelfilets (à 120 g)
- 20 g Reismehl oder Speisestärke
- 90 ml Pflanzen- oder Erdnussöl
- 4 Knoblauchzehen, zerdrückt
- 2 große, frische rote Chillies, entkernt und in Ringe geschnitten
- 2 TL Palmzucker oder hellbrauner Zucker
- Saft von 2 Limetten
- abgeriebene Schale von 1 Limette
- frisch gekochter Reis, zum Servieren

Die Fischfilets im Reismehl wenden, überschüssiges Mehl abschütteln. Einen Wok auf mittlerer bis starker Stufe vorheizen, dann das Öl zugeben und erhitzen. Die Fischfilets darin rundum braun braten, bis sie gar sind. Vorsichtig wenden, damit sie nicht auseinanderfallen.

Die Fischfilets aus dem Wok nehmen und warm stellen. Knoblauch und Chillies in den Wok geben und 1–2 Minuten pfannenrühren, bis sie weich sind.

Zucker, Limettensaft und -schale sowie 2–3 Esslöffel Wasser zugeben und alles zusammen aufkochen. Die Sauce 1–2 Minuten bei schwacher Hitze köcheln lassen und dann über den Fisch geben. Mit frisch gekochtem Reis sofort servieren.

GEDÄMPFTER LACHS MIT PAK CHOI & SPARGEL

FÜR 4 PERSONEN

4 Lachsfilets, etwa 2,5 cm dick

2 TL fein gehackter frischer Ingwer

2 EL chinesischer Reiswein oder trockener Sherry

1 EL helle Sojasauce

½ TL Salz

8 grüne Spargelstangen

4 EL Erdnussöl

3 Pak Choi, längs geviertelt

1 Spritzer Zitronensaft

Salz und grob gemahlener schwarzer Pfeffer

2 TL Sesamöl

frisch gekochter Reis, zum Servieren

Die Lachssteaks auf einen hitzebeständigen, in einen Wok passenden Teller legen. Ingwer, Reiswein, Sojasauce und Salz in einer Schale verrühren. Den Fisch damit beträufeln und einreiben. Unter einmaligem Wenden 20 Minuten ziehen lassen.

Die Spargelstangen putzen. Die Spitzen abtrennen und beiseitelegen. Die Stangen in 2–3 Stücke schneiden.

Einen Schnellkochtopf-Einsatzträger in einen Wok mit Deckel setzen. So viel Wasser hineinfüllen, dass der Einsatzträger halb bedeckt ist, und zum Kochen bringen. Den Teller mit den Lachssteaks daraufstellen und locker mit Alufolie bedecken. Die Hitze so regulieren, dass das Wasser sanft köchelt. Abdecken und 10–15 Minuten dämpfen, bis der Fisch gar ist.

Währenddessen einen zweiten Wok auf starker Stufe vorheizen, dann 2 Esslöffel Erdnussöl hineingeben und erhitzen. Die Spargelstangenstücke und Pak Choi dazugeben und 4–5 Minuten unter Rühren anbraten, bis das Gemüse knackig gar ist. Den Zitronensaft dazugeben und mit Salz und Pfeffer würzen. Auf vorgewärmten Serviertellern anrichten.

Die Lachssteaks vom Teller lösen und auf das Gemüse setzen. Sesamöl und restliches Erdnussöl im Wok stark erhitzen. Die Spargelspitzen hineingeben und 20 Sekunden im Fett schwenken. Mit Pfeffer würzen. Die Spargelspitzen auf dem Fisch anrichten und mit dem heißen Öl beträufeln. Sofort mit Reis servieren.

JAKOBSMUSCHELN & LACHS MIT KORIANDER & LIMETTE

FÜR 4 PERSONEN

- 90 ml Erdnussöl
- 280 g Lachsfilet, ohne Haut, in 2,5 cm große Stücke geschnitten
- 220 g Jakobsmuscheln, ausgelöst
- 3 Karotten, in feine Scheiben geschnitten
- 2 Selleriestangen, in 2,5 cm große Stücke geschnitten
- 2 gelbe Paprika, in feine Streifen geschnitten
- 170 g Austernpilze, in Scheiben geschnitten
- 1 Knoblauchzehe, zerdrückt
- 6 EL frisch gehackter Koriander
- 3 Schalotten, in dünne Ringe geschnitten
- Saft von 2 Limetten
- 1 TL abgeriebene Limettenschale
- 1 TL Chiliflocken
- 3 EL trockener Sherry
- 3 EL Sojasauce

Einen Wok auf mittlerer bis starker Stufe vorheizen, dann das Öl zugeben und erhitzen. Lachs und Jakobsmuscheln hineingeben und 3 Minuten pfannenrühren. Herausnehmen und warm stellen.

Karotten, Sellerie, Paprika, Pilze und Knoblauch im Wok 3 Minuten pfannenrühren. Koriander und Schalotten zufügen und alles gut verrühren.

Limettensaft und -schale, Chili, Sherry und Sojasauce zugeben und unterrühren. Lachs und Jakobsmuscheln zurück in den Wok geben und 1 weitere Minute vorsichtig pfannenrühren. Sofort servieren.

GEBRATENE MAKRELEN MIT INGWER & FRÜHLINGS-ZWIEBELN

FÜR 2–3 PERSONEN

4 Makrelenfilets, mit Haut (450 g)

1 TL fein gehackter frischer Ingwer, plus 2-cm-Stück Ingwerwurzel, in feine Stifte geschnitten

½ TL Salz

4 EL Erdnussöl

2½ EL Mehl

3 Frühlingszwiebeln, in Ringe geschnitten

in feine Streifen geschnittener Chinakohl, zum Garnieren

Sauce

2 EL helle Sojasauce

½ TL Zucker

2 TL chinesischer Reiswein oder trockener Sherry

Die Makrelenfilets quer halbieren. Die Haut ein- bis zweimal diagonal einschneiden. Den gehackten Ingwer mit dem Salz mischen und die Fischstücke von beiden Seiten damit einreiben. Etwa 15 Minuten ziehen lassen.

Die Zutaten für die Sauce in einer Schale verrühren.

Einen Wok auf mittlerer bis starker Stufe vorheizen, dann das Öl hineingeben und erhitzen. Die Makrelenstücke im Mehl wenden, in den Wok geben und von jeder Seite 2 Minuten anbraten. Die Sauce darübergießen. Mit Ingwerstiften und Frühlingszwiebeln bestreuen und weitere 2 Minuten braten.

In eine Servierform füllen und mit etwas Chinakohl bestreuen. Sofort servieren.

SCHWERTFISCH SÜSSSAUER

FÜR 2 PERSONEN

450 g Schwertfischfilets
1 TL Salz
4 TL Mehl
4 TL Speisestärke
2 TL Pflanzenöl
1 große Knoblauchzehe, zerdrückt
1 TL fein gehackter frischer Ingwer
2 EL gehackte Frühlingszwiebel
je ¼ kleine rote und grüne Paprika, in feine Streifen geschnitten
1 Eiweiß, leicht verquirlt
1½ EL Erdnussöl
3 EL Hühnerbrühe

Sauce

2 TL Speisestärke
1½ EL Zucker
1½ EL Reisessig
4 TL Sojasauce
4 TL Tomatenmark
4 TL chinesischer Reiswein oder trockener Sherry
3 EL Orangensaft
3 EL Hühnerbrühe
frisch gekochter Reis, zum Servieren

Die Fischfilets häuten und in mundgerechte Stücke schneiden. Auf einen Teller legen und mit dem Salz bestreuen. Mehl und Speisestärke mischen und auf einen großen Teller sieben.

Für die Sauce Speisestärke, Zucker und Reisessig glatt rühren. Sojasauce, Tomatenmark, Reiswein, Orangensaft und Brühe unterrühren.

Einen Wok auf mittlerer bis starker Stufe vorheizen, dann das Öl hineingeben und erhitzen. Knoblauch, Ingwer und Frühlingszwiebel dazugeben und 1½ Minuten anbraten. Rote und grüne Paprika zufügen und 30 Sekunden pfannenrühren. Mit der Sauce ablöschen, die Hitze etwas erhöhen und rühren, bis die Sauce eingedickt ist.

Den Fisch erst im verquirlten Eiweiß, dann im Mehl wenden. Einen möglichst beschichteten Wok auf mittlerer bis starker Stufe erhitzen, dann Öl und Hühnerbrühe hineingeben. Die Fischstücke dazugeben und 5–6 Minuten rundum anbraten. Die Gemüsemischung zufügen und weitere 1–2 Minuten köcheln lassen. Den Fisch vorsichtig wenden, bis er mit Sauce überzogen ist. Sofort mit frisch gekochtem Reis servieren.

MEERESFRÜCHTE CHOW MEIN

Den Rumpf des Tintenfischs umstülpen und die Innenseite mit einem scharfen Küchenmesser kreuzförmig einritzen. Dann den Tintenfisch in mundgerechte Stücke schneiden. In eine Schüssel mit kochendem Wasser geben, bis sich die Ränder einrollen. Abgießen, mit kaltem Wasser abspülen und abtropfen lassen.

Jede Jakobsmuschel in 3–4 Scheiben schneiden. Große Garnelen der Länge nach halbieren. Jakobsmuscheln und Garnelen in einer Schüssel mit Eiweiß und Stärkemischung vermengen.

Die Nudeln in einem Topf mit kochendem Wasser 4 Minuten garen oder nach Packungsanleitung zubereiten. Gut abtropfen lassen und mit 1 Esslöffel Öl vermengen.

Einen Wok auf mittlerer bis starker Stufe vorheizen, dann 3 Esslöffel Öl zugeben und erhitzen. Die Nudeln und 1 Esslöffel Sojasauce zugeben und 2–3 Minuten anbraten. Die Nudeln herausnehmen und auf einen großen Servierteller geben.

Das restliche Öl im Wok erhitzen, dann Zuckererbsen und Meeresfrüchte zugeben. Etwa 2 Minuten anbraten, dann Salz, Zucker, Reiswein, die restliche Sojasauce und etwa die Hälfte der Frühlingszwiebeln zufügen. Gut vermengen und bei Bedarf ein wenig Wasser zugießen. Die Meeresfrüchte-Mischung auf die Nudeln geben und mit etwas Sesamöl beträufeln. Mit den restlichen Frühlingszwiebeln garnieren und sofort servieren.

FÜR 4 PERSONEN

90 g küchenfertiger Tintenfisch

3–4 Jakobsmuscheln, ausgelöst

90 g rohe Garnelen, ausgelöst

½ Eiweiß, leicht verquirlt

2 TL Speisestärke, mit 2½ TL Wasser angerührt

280 g asiatische Eiernudeln

5–6 EL Pflanzenöl

2 EL helle Sojasauce

60 g Zuckererbsen, diagonal in Streifen geschnitten

½ TL Salz

½ TL Zucker

1 TL chinesischer Reiswein

2 Frühlingszwiebeln, in sehr feine Streifen geschnitten

einige Tropfen Sesamöl

SCHARFE MEERESFRÜCHTE-PFANNE

FÜR 4 PERSONEN

200 g küchenfertiger Tintenfisch

500 g festes Weißfischfilet, z. B. Heilbutt oder Seelachs

1 EL Maiskeimöl

4 Schalotten, fein gehackt

2 Knoblauchzehen, fein gehackt

2 EL grüne Thai-Currypaste

2 kleine Stängel Zitronengras, fein gehackt

1 TL Garnelenpaste

500 ml Kokosmilch

200 g rohe Riesengarnelen, ausgelöst

12 Venusmuscheln in der Schale, abgebürstet

8 frische Basilikumblätter, in feine Streifen geschnitten, plus einige Blätter mehr zum Garnieren

frisch gekochter Reis, zum Servieren

Mit einem scharfen Messer den Tintenfisch in breite Ringe, das Fischfilet in mundgerechte Stücke schneiden.

Einen Wok auf mittlerer bis starker Stufe vorheizen, dann das Öl zugeben und erhitzen. Schalotten, Knoblauch und Currypaste darin 1–2 Minuten anbraten. Zitronengras und Garnelenpaste zugeben, die Kokosmilch einrühren und alles aufkochen. Die Hitze reduzieren und Tintenfisch, Fisch und Garnelen zugeben. Die Mischung wieder aufkochen und 2 Minuten köcheln lassen.

Die Muscheln zugeben und 1 Minute mitkochen, bis sich die Schalen öffnen. Muscheln, die sich nicht geöffnet haben, aussortieren.

Die Basilikumstreifen über das Gericht streuen. Mit ganzen Basilikumblättern garnieren und sofort mit frisch gekochtem Reis servieren.

GEMISCHTES MEERESFRÜCHTE-CURRY

FÜR 4 PERSONEN

1 EL Pflanzen- oder Erdnussöl

3 Schalotten, fein gehackt

2,5-cm-Stück Galgantwurzel, geschält und in feine Scheiben geschnitten

2 Knoblauchzehen, fein gehackt

400 ml Kokosmilch

2 Stängel Zitronengras, in je 2 Stücke geschnitten

4 EL thailändische Fischsauce

2 EL Chilisauce

220 g rohe Riesengarnelen, ausgelöst

220 g küchenfertige Mini-Tintenfische, grob zerkleinert

220 g Lachsfilet, ohne Haut, in Stücke geschnitten

170 g Thunfischsteak, in Stücke geschnitten

220 g Miesmuscheln, abgebürstet und Bärte entfernt

frischer chinesischer Schnittlauch, zum Garnieren

frisch gekochter Reis, zum Servieren

Einen großen Wok auf mittlerer bis starker Stufe vorheizen, dann das Öl zugeben und erhitzen. Schalotten, Galgantwurzel und Knoblauch darin 1–2 Minuten unter Rühren weich dünsten. Kokosmilch, Zitronengras, Fisch- und Chilisauce zugeben. Aufkochen, dann die Hitze reduzieren und 1–2 Minuten köcheln lassen.

Garnelen, Tintenfische, Lachs und Thunfisch zugeben und 3–4 Minuten mitköcheln, bis sich die Garnelen rosa verfärben und der Fisch gar ist.

Die Muscheln zugeben und alles abgedeckt 1–2 Minuten köcheln, bis sich die Muscheln geöffnet haben. Muscheln, die sich nicht geöffnet haben, wegwerfen. Mit chinesischem Schnittlauch garnieren und sofort mit frisch gekochtem Reis servieren.

JAKOBSMUSCHELN IN BOHNENSAUCE

Einen Wok auf mittlerer bis starker Stufe vorheizen, dann das Öl zugeben und erhitzen. Knoblauch und Ingwer darin etwa 1 Minute schwenken, bis sie zu duften beginnen. Die schwarzen Bohnen einrühren. Die Muscheln zugeben und 1 Minute pfannenrühren. Sojasauce, Reiswein, Zucker und Chillies unterrühren.

Die Hitze reduzieren und alles 2 Minuten köcheln lassen. Falls nötig, etwas Brühe zufügen. Die Frühlingszwiebel unterrühren und sofort servieren.

FÜR 4 PERSONEN

2 EL Pflanzen- oder Erdnussöl

1 TL fein gehackter Knoblauch

1 TL fein gehackter frischer Ingwer

1 EL eingelegte schwarze Bohnen, abgespült und leicht zerdrückt

400 g Jakobsmuscheln, ausgelöst

½ TL helle Sojasauce

1 TL chinesischer Reiswein

1 TL Zucker

3–4 frische rote Vogelaugen-Chillies, fein gehackt

1–2 TL Hühnerbrühe (nach Bedarf)

1 EL fein gehackte Frühlingszwiebel

JAKOBSMUSCHELN MIT LIMETTE & CHILI

FÜR 4 PERSONEN

- 16 große Jakobsmuscheln, ausgelöst
- 1 EL Butter
- 1 EL Pflanzenöl
- 1 TL zerdrückter Knoblauch
- 1 TL frisch geriebener Ingwer
- 1 Bund Frühlingszwiebeln, in feine Ringe geschnitten
- fein abgeriebene Schale von 1 Limette
- 1 kleine, frische rote Chili, entkernt und sehr fein gehackt
- 3 EL Limettensaft
- Limettenspalten, zum Garnieren
- frisch gekochter Reis, zum Servieren

Die Jakobsmuscheln mithilfe eines scharfen Messers säubern, dabei vollständig von den schwarzen Innereien befreien. Abspülen und mit Küchenpapier trocken tupfen. Den orangefarbenen Corail entfernen und das weiße Muschelfleisch horizontal halbieren.

Einen Wok auf mittlerer Stufe vorheizen, dann Butter und Öl zugeben und erhitzen. Knoblauch und Ingwer hineingeben und 1 Minute pfannenrühren, ohne diese anzubräunen. Die Frühlingszwiebeln dazugeben und unter Rühren 1 Minute braten.

Die Jakobsmuscheln zufügen und bei starker Hitze 4–5 Minuten pfannenrühren. Limettenschale, Chili und Limettensaft zugeben und 1 Minute unter ständigem Rühren braten.

Die Jakobsmuscheln auf Serviertellern anrichten. Den Bratensaft darüberträufeln und mit Limettenspalten garnieren. Sofort mit frisch gekochtem Reis servieren.

VENUSMUSCHELN IN BOHNENSAUCE

Die Muscheln gründlich waschen und abbürsten. Bis zur weiteren Verwendung in sauberem Wasser aufbewahren. Dann abgießen und abtropfen lassen.

Einen Wok auf mittlerer bis starker Stufe vorheizen, dann das Öl zugeben und erhitzen. Ingwer und Knoblauch darin schwenken, bis sie zu duften beginnen. Die schwarzen Bohnen zugeben und 1 Minute unter Rühren braten.

Muscheln und Reiswein in den Wok geben und alles bei starker Hitze 2 Minuten pfannenrühren. Abgedeckt etwa 3 Minuten garen. Frühlingszwiebel und nach Belieben Salz untermischen. Sofort servieren.

FÜR 4 PERSONEN

900 g kleine Venusmuscheln mit Schale

1 EL Pflanzen- oder Erdnussöl

1 TL fein gehackter frischer Ingwer

1 TL fein gehackter Knoblauch

1 EL eingelegte schwarze Bohnen, abgespült und grob gehackt

2 TL chinesischer Reiswein

1 EL fein gehackte Frühlingszwiebel

1 TL Salz (nach Belieben)

FRISCHE KREBSE MIT INGWER

FÜR 4 PERSONEN

3 EL Pflanzen- oder Erdnussöl

2 große frische Krebse, gesäubert, in Stücke zerteilt und die Scheren aufgebrochen

60 g Ingwerwurzel, in sehr feine Stifte geschnitten

100 g Frühlingszwiebeln, in 5 cm lange Stücke geschnitten

2 EL helle Sojasauce

1 TL Zucker

1 Prise weißer Pfeffer

Einen Wok auf starker Stufe vorheizen, dann 2 Esslöffel Öl zugeben und erhitzen. Die Krebse darin 3–4 Minuten bei starker Hitze anbraten. Aus dem Wok nehmen und beiseitestellen. Den Wok mit Küchenpapier sauber auswischen.

Das restliche Öl im Wok erhitzen und den Ingwer darin schwenken, bis er zu duften beginnt. Die Frühlingszwiebeln unterrühren. Die Krebsteile zugeben und alles mit Sojasauce, Zucker und Pfeffer vermengen. Abgedeckt 1 Minute köcheln lassen. Sofort servieren.

JAKOBSMUSCHELN MIT ZUCKER-ERBSEN & PILZEN

FÜR 4 PERSONEN

3 EL Erdnussöl

2 EL Sesamöl

16 große Jakobsmuscheln, ausgelöst und halbiert

220 g kleine Shiitake-Pilze, Stiele entfernt

170 g Zuckererbsen, diagonal halbiert

2 TL fein gehackter frischer Ingwer

2 Knoblauchzehen, fein gehackt

2 TL helle Sojasauce

Saft von 1 Limette

3 EL Korianderblätter

Salz und Pfeffer

Einen Wok auf starker Stufe vorheizen, dann die Öle zugeben und erhitzen. Die Muscheln darin 1 Minute unter Rühren anbraten. Pilze und Zuckererbsen dazugeben und 1 weitere Minute pfannenrühren.

Ingwer, Knoblauch und Sojasauce sowie einen Spritzer Wasser zum Befeuchten dazugeben und 1–2 Minuten pfannenrühren, bis das Gemüse knackig gar ist.

Limettensaft und Korianderblätter untermischen und mit Salz und Pfeffer abschmecken. Auf Serviertellern anrichten und sofort servieren.

MALAYISCHE NUDELN MIT GARNELEN IN KOKOSSAUCE

FÜR 4 PERSONEN

2 EL Pflanzenöl

1 kleine rote Paprika, gewürfelt

200 g Pak Choi, Stiele in feine Streifen geschnitten, Blätter gehackt

2 große Knoblauchzehen, gehackt

1 TL gemahlene Kurkuma

2 TL Garam Masala

1 TL Chilipulver (nach Belieben)

2 gehäufte EL feine Erdnusscreme

125 ml heiße Gemüsebrühe

350 ml Kokosmilch

1 EL Sojasauce

250 g asiatische Reisbandnudeln

280 g gekochte Riesengarnelen, ausgelöst

Zum Garnieren

2 Frühlingszwiebeln, in Stifte geschnitten

1 EL Sesamsaat

Einen Wok auf starker Stufe vorheizen, dann das Öl hineingeben und erhitzen. Paprika, Pak-Choi-Stiele und Knoblauch dazugeben und 3 Minuten unter Rühren anbraten. Kurkuma, Garam Masala, Chilipulver und Pak-Choi-Blätter hinzufügen und 1 Minute pfannenrühren.

In einer Schale die Erdnusscreme unter Rühren in der heißen Brühe auflösen. Zusammen mit der Kokosmilch und Sojasauce in den Wok gießen und 5 Minuten bei mittlerer Hitze köcheln lassen, bis die Sauce eingedickt ist.

Die Nudeln in einer Schüssel mit lauwarmem Wasser bedecken und 15 Minuten quellen lassen oder nach Packungsanleitung zubereiten. Die Nudeln abgießen, unter fließend kaltem Wasser abspülen und abtropfen lassen. Die gekochten Nudeln mit den Garnelen in den Wok geben und unter häufigem Rühren 2–3 Minuten erhitzen.

Das Gericht mit Frühlingszwiebeln und Sesam bestreuen und sofort servieren.

RIESENGARNELEN IN PIKANTER SAUCE

FÜR 4 PERSONEN

3 EL Pflanzen- oder Erdnussöl

450 g rohe Riesengarnelen, ungeschält, aber Darmfäden entfernt

2 TL fein gehackter frischer Ingwer

1 TL fein gehackter Knoblauch

1 EL gehackte Frühlingszwiebel

2 EL Chili-Bohnen-Sauce

1 TL chinesischer Reiswein

1 TL Zucker

½ TL helle Sojasauce

1–2 EL Hühnerbrühe

Einen Wok auf starker Stufe vorheizen, dann das Öl zugeben und erhitzen. Die Garnelen darin bei starker Hitze etwa 4 Minuten unter Rühren braten. Herausnehmen und beiseitestellen. Ingwer und Knoblauch im Öl unter Rühren anbraten, bis sie zu duften beginnen. Frühlingszwiebel und Chili-Bohnen-Sauce zugeben. Garnelen wieder zugeben und mit der Sauce verrühren.

Die Hitze leicht reduzieren, dann Reiswein, Zucker, Sojasauce und etwas Hühnerbrühe unterrühren. Abgedeckt 1 weitere Minute garen. Sofort servieren.

GARNELEN FU YUNG

FÜR 4–6 PERSONEN

1 EL Pflanzen- oder Erdnussöl

120 g rohe Garnelen, ausgelöst

4 Eier, leicht verquirlt

1 TL Salz

1 Prise weißer Pfeffer

2 EL fein gehackter frischer chinesischer Schnittlauch

Einen Wok auf starker Stufe vorheizen, dann das Öl zugeben und erhitzen. Die Garnelen darin unter Rühren 4 Minuten anbraten, bis sie rosafarben sind.

Die Eier mit Salz und Pfeffer würzen und über die Garnelen gießen. Unter Rühren 1 Minute braten, dann alles mit dem Schnittlauch bestreuen.

Weitere 1–2 Minuten pfannenrühren, bis das Rührei gar, aber noch cremig ist. Sofort servieren.

GARNELEN-ANANAS-CURRY

FÜR 4 PERSONEN

½ frische Ananas

400 g schnittfeste Kokoscreme, gewürfelt

2 EL rote Thai-Currypaste

2 EL Fischsauce

2 TL Zucker

350 g rohe Riesengarnelen

2 EL frisch gehackter Koriander

frisch gekochter Jasminreis, zum Servieren

Die Ananas schälen und das Fruchtfleisch hacken. Kokoscreme, Ananas, Currypaste, Fischsauce und Zucker in einen Wok geben und bis knapp unter den Siedepunkt erhitzen.

Die Garnelen auslösen und die Darmfäden entfernen. Die Garnelen mit dem Koriander in den Wok geben und 3 Minuten köcheln lassen, bis sie die Farbe wechseln und gar sind.

Das Gericht mit frisch gekochten Jasminreis servieren.

SÜSS-SCHARFER TINTENFISCH

Den Sesam in einer kleinen Pfanne bei mittlerer Hitze ohne Fett kurz rösten. Auf einen Teller geben und beiseitestellen.

Einen Wok auf mittlerer Stufe vorheizen, dann 1 Esslöffel Öl zugeben und erhitzen. Den Tintenfisch zugeben und 2 Minuten anbraten. Aus dem Wok nehmen und beiseitestellen.

Das restliche Öl im Wok erhitzen, Paprika und Schalotten zufügen und bei mittlerer Hitze etwa 1 Minute anbraten. Die Pilze zugeben und weitere 2 Minuten pfannenrühren.

Tintenfisch, Sherry, Sojasauce, Zucker, Chili und Knoblauch in den Wok geben und 3 Minuten pfannenrühren.

Mit dem gerösteten Sesam bestreuen, mit dem Sesamöl beträufeln, vermengen und auf einem Reisbett servieren.

FÜR 4 PERSONEN

1 EL Sesamsaat

2 EL Sesamöl

280 g küchenfertiger Tintenfisch, in Streifen geschnitten

2 rote Paprika, in feine Streifen geschnitten

3 Schalotten, in dünne Ringe geschnitten

80 g Champignons, in feine Scheiben geschnitten

1 EL trockener Sherry

4 EL Sojasauce

1 TL Zucker

1 TL scharfe Chiliflocken (nach Belieben)

1 Knoblauchzehe, zerdrückt

1 TL Sesamöl

frisch gekochter Reis, zum Servieren

GARNELEN IN TAMARINDEN-SAUCE

FÜR 2 PERSONEN

350 g rohe Tigergarnelen, Kopf abgetrennt

1½ EL fein gehackter frischer Ingwer

2 Schalotten, fein gehackt

½ frische grüne Chili, entkernt und fein gehackt

Erdnussöl, zum Braten

3 EL frisch gehackter Koriander, zum Garnieren

frisch gekochter Reis, zum Servieren

Tamarindensauce

1 EL Tamarindenpaste

1 EL Zucker

2 TL Austernsauce

2 EL Wasser

1 TL Fischsauce

Die Garnelen auslösen, die Schwanzenden dabei aber intakt lassen. Ingwer, Schalotten und Chili in einer Schale verrühren. Die Zutaten für die Sauce in einer zweiten Schale verrühren.

Einen Wok auf starker Stufe vorheizen, dann reichlich Öl hineingeben und erhitzen. Wenn das Öl zu rauchen beginnt, die Garnelen dazugeben und 3–4 Minuten unter Rühren anbraten, bis sie rosa werden. Aus dem Wok nehmen und in einem Sieb abtropfen lassen.

Das Öl bis auf 2 Esslöffel aus dem Wok abgießen. Das Öl wieder stark erhitzen und die Ingwermischung 1 Minute pfannenrühren. Mit der Tamarindensauce ablöschen und kurz rühren, bis sie heiß ist. Die Garnelen wieder in den Wok geben und 1 Minute rühren, bis die Sauce leicht reduziert ist.

In eine vorgewärmte Servierform geben und mit dem Koriander bestreuen. Sofort mit frisch gekochtem Reis servieren.

VEGETARISCH

ZUCCHINI SCHARFSAUER

FÜR 4 PERSONEN

2 große Zucchini, in feine Scheiben geschnitten

1 TL Salz

2 EL Erdnussöl

1 TL Sichuan-Pfeffer, zerstoßen

½–1 frische rote Chili, entkernt und in feine Streifen geschnitten

1 große Knoblauchzehe, in feine Scheiben geschnitten

½ TL fein gehackter frischer Ingwer

1 EL Reisessig

1 EL helle Sojasauce

2 TL Zucker

1 Frühlingszwiebel, in feine Ringe geschnitten

einige Tropfen Sesamöl, zum Beträufeln

1 TL Sesamsaat, zum Garnieren

Die Zucchinischeiben in ein großes Sieb geben und mit dem Salz bestreuen. Mit einem Teller bedecken und mit einem Gewicht beschweren. Etwa 20 Minuten ziehen lassen. Dann das Salz abspülen und die Scheiben auf Küchenpapier trocknen.

Einen Wok auf starker Stufe vorheizen, dann das Erdnussöl hinzugeben und erhitzen. Sichuan-Pfeffer, Chili, Knoblauch und Ingwer dazugeben und etwa 20 Sekunden anbraten, bis der Knoblauch Farbe annimmt.

Die Zucchinischeiben dazugeben und im Öl schwenken. Reisessig, Sojasauce und Zucker hinzufügen und 2 Minuten pfannenrühren. Die Frühlingszwiebel unterheben und 30 Sekunden braten. Mit etwas Sesamöl beträufeln und mit dem Sesam bestreuen. Sofort servieren.

AUBERGINEN IN SCHARFSAURER SAUCE

Für die Sauce Sojasauce, Reisessig und Zucker in einer Schale verrühren, bis sich der Zucker aufgelöst hat. Dann die Speisestärke einarbeiten.

Die Brühe erhitzen, dann beiseitestellen.

Die Auberginen längs halbieren und mit der Schnittfläche auf das Schneidebrett legen. Falls die Hälften besonders dick sind, noch einmal horizontal durchschneiden. Die Hälften längs in 1 cm breite Streifen, dann quer in 4 cm lange Stücke schneiden.

Einen Wok auf starker Stufe vorheizen, dann 5 Esslöffel Öl hineingeben und erhitzen. Auberginen und Paprika dazugeben und 2–3 Minuten unter Rühren braten, bis das Gemüse zu bräunen beginnt. Aus dem Wok nehmen und auf Küchenpapier abtropfen lassen.

Das restliche Öl in den Wok geben und stark erhitzen. Wasserkastanien, Frühlingszwiebeln, Ingwer, Knoblauch und Chili 1 Minute unter Rühren anbraten.

Auberginen und Paprika wieder in den Wok geben. Die Hitze auf mittlere Stufe reduzieren. Mit Sojasaucenmischung und Brühe ablöschen und 2–3 Minuten unter Rühren einkochen. Mit Sesam und Frühlingszwiebeln bestreuen. Sofort mit frisch gekochtem Reis servieren.

FÜR 4 PERSONEN

150 ml Gemüsebrühe

2 Auberginen, geschält

90 ml Erdnussöl

2 rote Paprika, in Streifen geschnitten

100 g Wasserkastanien aus der Dose, abgespült, abgetropft und in Scheiben geschnitten

6 Frühlingszwiebeln, in Ringe geschnitten

2 TL fein gehackter frischer Ingwer

1 große Knoblauchzehe, in feine Scheiben geschnitten

1 frische grüne Chili, fein gehackt

Salz und Pfeffer

1 TL Sesamsaat, zum Garnieren

feine grüne Frühlingszwiebelringe und frisch gekochter Reis, zum Servieren

Sauce

1½ EL Sojasauce

1½ EL Reisessig

2 TL Zucker

2 TL Speisestärke, mit etwas kaltem Wasser angerührt

BROKKOLI MIT ERDNÜSSEN

FÜR 4 PERSONEN

- 3 EL Pflanzen- oder Erdnussöl
- 1 Stängel Zitronengras, grob gehackt
- 2 frische rote Chillies, entkernt und gehackt
- 2,5-cm-Stück Ingwerwurzel, gerieben
- 3 Kaffir-Limettenblätter, zerzupft
- 3 EL grüne Thai-Currypaste
- 1 Zwiebel, gehackt
- 1 rote Paprika, klein gewürfelt
- 350 g Brokkoli, in Röschen zerteilt
- 120 g Prinzessbohnen
- 60 g ungesalzene Erdnüsse

2 Esslöffel Öl, Zitronengras, Chillies, Ingwer, Limettenblätter und Currypaste im Mixer zu einer Paste verarbeiten.

Einen Wok auf mittlerer Stufe vorheizen, dann das restliche Öl hineingeben und erhitzen. Würzpaste, Zwiebel und Paprika dazugeben und 2–3 Minuten unter Rühren anbraten, bis das Gemüse weich wird.

Brokkoli und Bohnen dazugeben und abgedeckt bei kleiner Hitze unter gelegentlichem Rühren 7–8 Minuten dünsten, bis das Gemüse gar ist.

Währenddessen die Erdnüssen in einer Pfanne trocken rösten, bis sie leicht gebräunt sind. Über das Gemüse geben und sofort servieren.

PILZE & BOHNEN MIT ZITRONE & KORIANDER

Die Pilze abspülen und mit Küchenpapier trocken tupfen. Falls Pilze mit Wurzelstock verwendet werden, diesen abschneiden und die Pilze vorsichtig trennen. Die Champignons halbieren.

Einen Wok auf mittlerer bis starker Stufe vorheizen, dann das Öl hineingeben und erhitzen. Koriandersamen und Lorbeerblatt dazugeben und einige Sekunden anbraten, um das Öl zu aromatisieren. Pilze und Bohnen hinzufügen und 5 Minuten pfannenrühren.

Knoblauch, Zitronensaft und Sojasauce untermischen. Mit Salz und frisch gemahlenem schwarzem Pfeffer würzen und weitere 2 Minuten pfannenrühren. Mit Koriander, Sesamöl und -saat bestreuen und einige Sekunden erhitzen. Das Gericht kann warm, lauwarm oder kalt serviert werden.

FÜR 2 PERSONEN

450 g gemischte Pilze, z. B. braune Champignons, Enoki und Shimeji

90 ml Rapsöl

1 TL Koriandersamen, zestoßen

1 frisches Lorbeerblatt

170 g Prinzessbohnen

1 große Knoblauchzehe, in feine Scheiben geschnitten

3 EL Zitronensaft

2 TL Sojasauce

Salz und Pfeffer

2 EL frisch gehackter Koriander

2 TL Sesamöl

2 TL Sesamsaat

WÜRZIGER TOFU

FÜR 4 PERSONEN

250 g fester Tofu, abgespült und abgetupft, in 1 cm große Würfel geschnitten

4 EL Erdnussöl

1 EL frisch geriebener Ingwer

3 Knoblauchzehen, zerdrückt

4 Frühlingszwiebeln, in dünne Ringe geschnitten

1 Brokkoli, in Röschen zerteilt

1 Karotte, in Stifte geschnitten

1 gelbe Paprika, in dünne Streifen geschnitten

250 g Shiitake-Pilze, in feine Scheiben geschnitten

frisch gekochter Reis, zum Servieren

Marinade

5 EL Gemüsebrühe

2 TL Speisestärke

2 EL helle Sojasauce

1 EL Zucker

1 Prise Chiliflocken

Für die Marinade alle Zutaten in einer großen Schüssel vermischen. Den Tofu zugeben und gut darin wenden. 20 Minuten marinieren.

Einen Wok auf mittlerer bis starker Stufe vorheizen, dann 2 Esslöffel Öl zugeben und erhitzen. Den Tofu mit der Marinade darin braten, bis er knusprig braun ist. Aus dem Wok nehmen und beiseitestellen.

Das restliche Erdnussöl im Wok erhitzen. Ingwer, Knoblauch und Frühlingszwiebeln darin 30 Sekunden pfannenrühren. Brokkoli, Karotte, Paprika und Pilze in den Wok geben und 5–6 Minuten garen. Den Tofu wieder in den Wok geben und unter Rühren erhitzen. Sofort mit frisch gekochtem Reis servieren.

AGEDASHI-TOFU

FÜR 2 PERSONEN

150 ml Wasser

2 TL Dashi-Pulver (ersatzweise Hühnerbrühengranulat)

2 EL Shoyu (japanische Sojasauce)

2 EL Mirin (japanischer Reiswein)

Pflanzenöl, zum Frittieren

300 g japanischer Seidentofu, auf Küchenpapier abgetropft und in 4 große Würfel geschnitten

2 EL Mehl

Zum Garnieren

1 TL frisch geriebener Ingwer

2 TL Daikon (geriebener japanischer Rettich)

¼ TL feine Bonito-Flocken (Katsuo bushi oder Kezuri bushi)

Wasser und Dashi-Pulver in eine Pfanne geben und aufkochen. Sojasauce und Mirin zugeben und 1 Minute köcheln. Warm halten.

Einen großen Wok auf starker Stufe vorheizen, bis zu einem Drittel mit Öl füllen und auf 180 °C erhitzen (ein Brotwürfel bräunt darin in 30 Sekunden). Inzwischen den Tofu mit dem Mehl bestäuben.

Die Tofustücke portionsweise vorsichtig ins Öl geben und so lange frittieren, bis sie goldbraun sind. Herausnehmen, auf Küchenpapier abtropfen lassen und warm halten, bis alle Tofustücke frittiert sind.

Jeweils 2 Tofustücke in eine Schale geben und die Dashi-Brühe gleichmäßig auf die Schalen verteilen. Mit Ingwer, Rettich und Bonito-Flocken bestreut servieren.

AUSTERNPILZE MIT GEMÜSE IN ERDNUSS-CHILI-SAUCE

FÜR 4 PERSONEN

1 EL Pflanzen- oder Sesamöl

4 Frühlingszwiebeln, in feine Ringe geschnitten

1 Karotte, in feine Stifte geschnitten

1 Zucchini, in feine Stifte geschnitten

½ Brokkoli, in Röschen zerteilt

450 g Austernpilze, in feine Scheiben geschnitten

2 EL grobe Erdnusscreme

1 TL Chilipulver (nach Belieben)

3 EL Wasser

Limettenspalten, zum Garnieren

frisch gekochter Reis, zum Servieren

Einen Wok auf starker Stufe vorheizen, dann das Öl zugeben und erhitzen, bis es fast raucht. Die Frühlingszwiebeln darin 1 Minute pfannenrühren. Karotte und Zucchini zufügen und 1 weitere Minute pfannenrühren. Den Brokkoli zugeben und 1 weitere Minute braten.

Die Pilze einrühren und so lange garen, bis sie weich sind und die Hälfte des Pilzsuds eingekocht ist. Die Erdnusscreme unterrühren und alles mit Chilipulver abschmecken. Das Wasser zugeben und 1 weitere Minute garen.

Mit Limettenspalten garnieren und mit frisch gekochtem Reis servieren.

SÜSSSAURES GEMÜSE AUF NUDEL-PFANNKUCHEN

FÜR 4 PERSONEN

120 g dünne asiatische Reisnudeln

900 g gemischtes Gemüse, z. B. Karotten, Babymaiskolben, Blumenkohl, Brokkoli, Zuckererbsen, Pilze und Zwiebeln, in etwa gleich große Stücke geschnitten

6 Eier

4 Frühlingszwiebeln, diagonal in Ringe geschnitten

Salz und Pfeffer

2½ EL Pflanzen- oder Erdnussöl

100 g Bambussprossen aus der Dose, abgespült und abgetropft

200 g fertige süßsaure Sauce

Die Nudeln in einer Schüssel mit lauwarmem Wasser bedecken und 15 Minuten quellen lassen oder nach Packungsanleitung zubereiten. Abgießen, abtropfen lassen und mit einer Schere in 7,5 cm lange Stücke schneiden. Beiseitestellen.

Inzwischen das Gemüse vorbereiten. Die Eier in einer großen Schüssel verquirlen, dann Nudeln und Frühlingszwiebeln einrühren und mit Salz und Pfeffer würzen. Eine Pfanne mit 20 cm Durchmesser stark vorheizen. Etwas Öl zugeben und durch Schwenken verteilen. Ein Viertel der Nudelmasse zufügen und ebenfalls durch Schwenken verteilen. Auf mittlerer Hitze den Pfannkuchen 1 Minute stocken lassen. Wenden, bei Bedarf noch etwas Öl zugeben und die andere Seite braten. Im Backofen warm halten und drei weitere Pfannkuchen braten.

Einen Wok auf starker Stufe vorheizen, dann 1½ Esslöffel Öl zugeben und erhitzen. Zuerst das festeste Gemüse, z. B. Karotten, zugeben und 30 Sekunden unter Rühren braten. Allmählich die anderen Gemüsesorten, zuletzt die Bambussprossen zugeben. Die Sauce einrühren und alles köcheln lassen, bis das Gemüse bissfest gar ist. Gemüse und Sauce auf jedem Pfannkuchen anrichten und servieren.

ASIATISCHES GEMÜSE MIT BOHNENSAUCE

FÜR 4 PERSONEN

1 Aubergine

Salz

2 EL Pflanzenöl

3 Knoblauchzehen, zerdrückt

4 Frühlingszwiebeln, gehackt

1 kleine rote Paprika, in feine Streifen geschnitten

4 Babymaiskolben, längs halbiert

120 g Zuckererbsen

200 g Pak-Choi-Blätter, grob gehackt

420 g Strohpilze aus der Dose, abgetropft

120 g frische Bohnensprossen

2 EL chinesischer Reiswein oder trockener Sherry

2 EL Gelbe-Bohnen-Sauce

2 EL dunkle Sojasauce

1 TL Chilisauce

1 TL Zucker

150 ml Gemüsebrühe

1 TL Speisestärke

2 TL Wasser

Die Aubergine in 5 cm lange, dünne Stifte schneiden. In ein Sieb geben, mit Salz bestreuen und 30 Minuten ziehen lassen. Unter kaltem Wasser abspülen und mit Küchenpapier trocken tupfen.

Einen Wok auf mittlerer bis starker Stufe vorheizen, dann das Öl hineingeben und erhitzen. Knoblauch, Frühlingszwiebeln und Paprika zugeben und bei starker Hitze 1 Minute unter Rühren anbraten. Dann die Auberginenstifte zufügen und 1 weitere Minute pfannenrühren, bis das Gemüse weich wird.

Maiskolben und Zuckererbsen hinzufügen und 1 Minute pfannenrühren. Pak Choi, Pilze und Bohnensprossen untermischen und 30 Sekunden pfannenrühren.

Reiswein, Bohnensauce, Sojasauce, Chilisauce und Zucker in einer Schale verrühren und mit der Brühe in den Wok gießen. Unter ständigem Rühren zum Kochen bringen.

Die Speisestärke mit dem Wasser anrühren und dann rasch in die Sauce rühren und 1 Minute eindicken lassen. Sofort servieren.

NUDELN MIT CHINA-GEMÜSE & BOHNEN-SPROSSEN

Einen großen Wok auf mittlerer bis starker Stufe erhitzen. Brühe mit Knoblauch und Ingwer hineingeben und zum Kochen bringen. Nudeln, Paprika, Erbsen, Brokkoli und Pilze dazugeben und erneut zum Kochen bringen. Die Hitze reduzieren, abdecken und 5–6 Minuten köcheln lassen, bis die Nudeln gar sind.

Währenddessen den Sesam in einen kleinen Topf geben und bei mittlerer Hitze unter ständigem Rühren ohne Fett gleichmäßig hellbraun rösten. Den Sesam in eine Schale füllen und beiseitestellen.

Wenn die Nudeln gar sind, Wasserkastanien, Bambussprossen, Kohl, Bohnensprossen und Frühlingszwiebeln in den Wok geben. Erneut zum Kochen bringen und unter Rühren 2–3 Minuten köcheln lassen, bis alles gut durcherhitzt ist.

Die Brühe in eine hitzebeständige Schüssel abgießen und 300 ml abmessen. Die restliche Brühe wegschütten. Nudeln und Gemüse in eine Servierform füllen. Die Sojasauce in die abgemessene Brühe rühren und mit Pfeffer würzen. Über Nudeln und Gemüse gießen und sofort servieren.

FÜR 4 PERSONEN

1,25 l Gemüsebrühe

1 Knoblauchzehe, zerdrückt

1-cm-Stück Ingwerwurzel, fein gehackt

220 g asiatische Eiernudeln

1 rote Paprika, in Streifen geschnitten

80 g Erbsen, Tiefkühlware aufgetaut

120 g Brokkoli, in Röschen zerteilt

80 g Shiitake-Pilze, in Streifen geschnitten

2 EL Sesamsaat

220 g Wasserkastanien aus der Dose, abgetropft und halbiert

220 g Bambussprossen aus der Dose, abgetropft

280 g Weißkohl, gehobelt

150 g frische Bohnensprossen

3 Frühlingszwiebeln, in Ringe geschnitten

1 EL dunkle Sojasauce • Pfeffer

KNUSPERNUDELN MIT GEMÜSE

FÜR 4 PERSONEN

- Erdnuss- oder Sonnenblumenöl, zum Frittieren
- 120 g Reis-Vermicelli, in 8 cm lange Stücke geschnitten
- 120 g Prinzessbohnen, in kurze Stücke geschnitten
- 2 Karotten, in feine Stifte geschnitten
- 2 Zucchini, in feine Stifte geschnitten
- 120 g Shiitake-Pilze, in Scheiben geschnitten
- 2,5-cm-Stück Ingwerwurzel, gehackt
- ½ Weißkohl, gehobelt
- 4 Frühlingszwiebeln, gehackt
- 90 g frische Bohnensprossen
- 2 EL dunkle Sojasauce
- 2 EL chinesischer Reiswein
- 1 große Prise Zucker
- 2 EL frisch gehackter Koriander

Einen großen Wok auf starker Stufe vorheizen, dann reichlich Öl hineingießen und auf 180 °C erhitzen (ein Brotwürfel bräunt darin in 30 Sekunden).

Die Nudeln portionsweise 1½–2 Minuten frittieren, bis sie knusprig und gepufft sind. Aus dem heißen Fett nehmen und auf Küchenpapier abtropfen lassen. Bis auf 2 Esslöffel das Öl aus dem Wok abgießen.

Das Öl wieder stark erhitzen. Die Bohnen hineingeben und 3 Minuten unter Rühren anbraten. Karotten, Zucchini, Pilze und Ingwer zugeben und weitere 2 Minuten pfannenrühren.

Weißkohl, Frühlingszwiebeln und Bohnensprossen untermischen und 1 Minute pfannenrühren. Sojasauce, Reiswein und Zucker dazugeben und unter ständigem Rühren 1 Minute erhitzen.

Den Koriander sorgfältig untermischen. Sofort mit den Nudeln servieren.

WÜRZIGE NUDELN MIT PILZ-FRÜHLINGSROLLEN

FÜR 4 PERSONEN

2 EL Pflanzen- oder Erdnussöl

1 kleine Zwiebel, fein gehackt

220 g Champignons, gehackt

1 EL rote Thai-Currypaste

1 EL Sojasauce

8 quadratische Wantan-Teigblätter

Pflanzen- oder Erdnussöl, zum Frittieren

220 g asiatische Instant-Eiernudeln

1 Knoblauchzehe, gehackt

6 Frühlingszwiebeln, gehackt

1 rote Paprika, gehackt

1 EL gemahlener Koriander

1 EL gemahlener Kreuzkümmel

Einen Wok auf mittlerer bis starker Stufe vorheizen, dann 1 Esslöffel Öl zugeben und erhitzen. Zwiebel und Champignons darin unter Rühren knusprig braun anbraten. Currypaste und Sojasauce zugeben und weitere 2–3 Minuten mitbraten. Den Wok vom Herd nehmen.

Die Wantan-Teigblätter mit der Spitze nach vorne zeigend auf eine Arbeitsfläche legen. Jeweils ein Achtel der Pilzfüllung diagonal auf ein Teigblatt verteilen. Die untere Ecke darüberlegen. Die seitlichen Ecken des Teigblatts über die Füllung klappen und das Teigblatt so aufrollen, dass die Füllung vollständig eingeschlossen ist. Mit den restlichen Teigblättern wiederholen.

Den Wok mit Küchenpapier sauber auswischen und erneut auf starker Stufe vorheizen. Reichlich Frittieröl einfüllen und 180 °C erhitzen (ein Brotwürfel bräunt darin in 30 Sekunden). Die Frühlingsrollen portionsweise knusprig braun frittieren. Herausnehmen, auf Küchenpapier abtropfen lassen und warm stellen.

Inzwischen die Nudeln in eine Schüssel geben, mit kochendem Wasser bedecken und quellen lassen oder nach Packungsanleitung zubereiten. Abgießen und abtropfen lassen.

Das restliche Öl im Wok erhitzen. Knoblauch, Frühlingszwiebeln und Paprika 2–3 Minuten unter Rühren anbraten. Koriander, Kreuzkümmel und die abgetropften Nudeln gut untermengen. Die Frühlingsrollen auf den Nudeln anrichten und servieren.

PILZ-TOFU-LAKSA MIT NUDELN

FÜR 4 PERSONEN

850 ml Gemüsebrühe

400 ml Kokosmilch aus der Dose

250 g Shiitake-Pilze, Stiele entfernt, Kappen in dünne Scheiben geschnitten

150 g fester Tofu, gewürfelt

2 EL Tomatenmark

Salz und Pfeffer

180 g feine asiatische Eiernudeln

2 Frühlingszwiebeln, in Ringe geschnitten, und 4 EL gehackte Minze, zum Garnieren

Würzpaste

2 frische rote Chillies, entkernt und gehackt

4-cm-Stück Ingwerwurzel, gehackt

2 große Knoblauchzehen, gehackt

2 Stängel Zitronengras, harte Hüllblätter entfernt, Innenteil gehackt

1 TL Koriandersamen, zerstoßen

6 Macadamia-Nüsse, gehackt

1 kleine Handvoll frische Korianderblätter

3 EL Pflanzenöl

Die Zutaten für die Würzpaste im Mixer mit kurzen Intervallen glatt pürieren.

Einen Wok auf mittlerer bis starker Stufe erhitzen, dann die Würzpaste hineingeben und 30 Sekunden unter Rühren anbraten. Mit Brühe und Kokosmilch ablöschen und alles zum Kochen bringen. Pilze, Tofu und Tomatenmark unterrühren. Mit Salz und frisch gemahlenem schwarzem Pfeffer würzen und 5 Minuten sanft köcheln lassen.

Die Nudeln in einem Topf mit kochendem Wasser 4 Minuten garen oder nach Packungsanleitung zubereiten. Abgießen und abtropfen lassen. Die Nudeln auf vier große Suppenschalen verteilen. Die Pilz-Tofu-Mischung mit der Brühe darübergießen. Mit Frühlingszwiebeln und Minze garnieren und sofort servieren.

SICHUAN-NUDELN

FÜR 4 PERSONEN

1 große Karotte

250 g asiatische Eierbandnudeln

2 EL Erdnuss- oder Maiskeimöl

2 große Knoblauchzehen, sehr fein gehackt

1 große rote Zwiebel, halbiert und in feine Scheiben geschnitten

125 ml Gemüsebrühe oder Wasser

2 EL Chili-Bohnen-Sauce

2 EL chinesische Sesampaste

1 EL getrockneter Sichuan-Pfeffer, geröstet und gemahlen

1 TL helle Sojasauce

2 kleine Köpfe Pak Choi oder 1 kleiner Chinakohl, geviertelt

Die Karotte schälen, beide Enden abschneiden, dann der Länge nach grob raspeln, um lange Späne zu erhalten. Beiseitestellen.

Die Nudeln in einem Topf mit kochendem Wasser 4 Minuten garen oder nach Packungsanleitung zubereiten. Abgießen, abtropfen lassen und beiseitestellen.

Einen Wok auf starker Stufe vorheizen, dann das Öl zugeben und erhitzen. Knoblauch und Zwiebel 1 Minute anbraten. Brühe, Chili-Bohnen-Sauce, Sesampaste, Sichuan-Pfeffer und Sojasauce zugeben und unter Rühren erhitzen. Kohl und Karottenstreifen zufügen und 1–2 Minuten rühren, bis der Kohl zusammenfällt. Die Nudeln zugeben und unter Rühren erhitzen, dabei mit zwei Gabeln mit den anderen Zutaten vermengen. Sofort servieren.

BROKKOLI MIT ZUCKERERBSEN

FÜR 4 PERSONEN

2 EL Pflanzen- oder Erdnussöl

1 Spritzer Sesamöl

1 Knoblauchzehe, fein gehackt

220 g kleiner Brokkoli, in Röschen zerteilt

120 g Zuckererbsen

220 g Chinakohl, in 1 cm breite Streifen geschnitten

5–6 Frühlingszwiebeln, fein gehackt

½ TL Salz

2 EL helle Sojasauce

1 EL chinesischer Reiswein

1 TL leicht geröstete Sesamsaat, zum Garnieren

Einen Wok auf mittlerer bis starker Stufe vorheizen, dann die Öle zugeben und erhitzen. Den Knoblauch darin unter schnellem Rühren braten. Alle Gemüsesorten mit dem Salz in den Wok geben und bei starker Hitze etwa 3 Minuten pfannenrühren.

Sojasauce und Reiswein zugießen und alles weitere 2 Minuten garen. Mit Sesam bestreuen und sofort servieren.

GEBRATENER SPINAT MIT KNOBLAUCH

Einen Wok auf starker Stufe vorheizen, dann das Öl zugeben und erhitzen. Knoblauch, Bohnensauce und Tomaten zugeben und 1 Minute pfannenrühren.

Spinat, Chilisauce und Zitronensaft zufügen und gut verrühren. 3 Minuten bei großer Hitze pfannenrühren, bis der Spinat zusammenfällt. Mit Salz und Pfeffer abschmecken und sofort servieren.

FÜR 4 PERSONEN

90 ml Pflanzenöl

6 Knoblauchzehen, zerdrückt

2 EL Schwarze-Bohnen-Sauce

3 Tomaten, grob gehackt

900 g frischer Spinat, dicke Stiele entfernt, grob gehackt

1 TL Chilisauce (nach Belieben)

2 EL frischer Zitronensaft

Salz und Pfeffer

WÜRZIGE GEMÜSEPFANNE

Einen Wok auf mittlerer bis starker Stufe vorheizen, dann 2 Teelöffel Öl zugeben und erhitzen. Kurkuma und Salz zugeben. Vorsichtig die Kartoffeln zufügen und mit der Kurkuma überziehen. 5 Minuten pfannenrühren, dann aus dem Wok nehmen und beiseitestellen.

Das restliche Öl im Wok erhitzen und die Schalotten 1–2 Minuten anbraten. Lorbeerblatt, Kreuzkümmel, Ingwer und Chilipulver zugeben, dann die Tomaten einrühren und 2 Minuten anbraten.

Den Spinat zugeben und verrühren, damit sich die Aromen gut verbinden. Abdecken und 2–3 Minuten köcheln lassen. Die Kartoffeln wieder in den Wok geben, Erbsen und Zitronensaft zufügen. 5 Minuten köcheln lassen, bis die Kartoffeln weich sind.

Den Wok vom Herd nehmen, das Lorbeerblatt entfernen und alles mit Salz und Pfeffer abschmecken. Mit frisch gekochtem Basmati-Reis servieren.

FÜR 4 PERSONEN

3 EL Pflanzenöl

½ TL Kurkuma

Salz und Pfeffer

230 g Kartoffeln, in 1 cm große Würfel geschnitten

3 Schalotten, fein gehackt

1 Lorbeerblatt

½ TL gemahlener Kreuzkümmel

1 TL fein geriebener frischer Ingwer

½ TL Chilipulver

4 Tomaten, grob gehackt

300 g Spinat, dicke Stiele entfernt und grob gehackt

130 g Erbsen, Tiefkühlware aufgetaut

1 EL Zitronensaft

frisch gekochter Basmati-Reis, zum Servieren

ROTES CURRY MIT GRÜNEM BLATTGEMÜSE

FÜR 4 PERSONEN

2 EL Erdnuss- oder Pflanzenöl

2 Zwiebeln, in dünne Ringe geschnitten

1 Bund grüner Spargel, holzige Enden entfernt

400 ml Kokosmilch

2 EL rote Thai-Currypaste

3 frische Kaffir-Limettenblätter

230 g Babyspinatblätter

2 Pak Choi, gehackt

1 kleiner Chinakohl, in feine Streifen geschnitten

1 Handvoll frisch gehackter Koriander

frisch gekochter Reis, zum Servieren

Einen Wok auf mittlerer bis starker Stufe vorheizen, dann das Öl hineingeben und erhitzen. Zwiebeln und Spargel dazugeben und 1–2 Minuten unter Rühren anbraten.

Kokosmilch, Currypaste und Limettenblätter dazugeben und unter gelegentlichem Rühren sanft zum Kochen bringen. Spinat, Pak Choi und Chinakohl hinzufügen und unter Rühren 2–3 Minuten garen, bis das Blattgemüse zusammenfällt. Den Koriander sorgfältig untermischen. Sofort mit frisch gekochtem Reis servieren.

KAROTTEN-KÜRBIS-CURRY

FÜR 4 PERSONEN

- 150 ml Gemüsebrühe
- 2,5-cm-Stück Galgantwurzel, in Scheiben geschnitten
- 2 Knoblauchzehen, gehackt
- 1 Stängel Zitronengras (nur das weiße Innere), fein gehackt
- 2 frische rote Chillies, entkernt und gehackt
- 4 Karotten, in Stücke geschnitten
- 230 g Kürbisfleisch, gewürfelt
- 2 EL Pflanzen- oder Erdnussöl
- 2 Schalotten, fein gehackt
- 3 EL gelbe Thai-Currypaste
- 400 ml Kokosmilch
- 4–6 frische Thai-Basilikumzweige
- 20 g Kürbiskerne, geröstet, zum Garnieren

Die Brühe in einen großen Topf gießen und zum Kochen bringen. Galgantwurzel, die Hälfte des Knoblauchs, Zitronengras und Chillies zugeben und 5 Minuten köcheln lassen. Karotten und Kürbis zugeben und 5–6 Minuten mitköcheln, bis sie weich sind.

Inzwischen einen Wok auf mittlerer bis starker Stufe vorheizen, dann das Öl zugeben und erhitzen. Schalotten und restlichen Knoblauch darin unter Rühren 2–3 Minuten anbraten. Die Currypaste zugeben und unter Rühren weitere 1–2 Minuten mitbraten.

Schalotten-Curry-Mischung, Kokosmilch und Basilikum in den Topf mit der Brühe geben, gut verrühren und 3 Minuten köcheln lassen. Das Curry mit den gerösteten Kürbiskernen bestreuen und heiß servieren.

KOKOSCURRY MIT KOHL

Die Zutaten für die Würzpaste im Mixer oder mit dem Stabmixer mit einem Spritzer Wasser glatt pürieren.

Einen Wok auf mittlerer bis starker Stufe vorheizen, dann das Öl hineingeben und erhitzen. Die Senfsamen dazugeben und braten, bis sie zu platzen beginnen. Die Hitze auf mittlere Stufe reduzieren, die Zwiebel hineingeben und unter Rühren goldbraun braten. Die Würzpaste untermischen und 30 Sekunden anbraten.

Beide Kohlsorten dazugeben. Mit dem Wasser ablöschen und rühren, bis der Kohl mit der Würzpaste überzogen ist. Pfefferkörner und etwas Salz hinzufügen. Bei geschlossenem Deckel und kleiner Hitze 7–10 Minuten unter gelegentlichem Rühren dünsten.

Wenn der Kohl gar ist, Koriander und Limettensaft untermischen und 1 Minute erhitzen. Sofort mit den gerösteten Kokosflocken bestreuen und servieren.

FÜR 4–6 PERSONEN

3 EL Pflanzenöl

1 TL Senfsamen

1 kleine Zwiebel, in Ringe geschnitten

¼ Weißkohl, gehobelt

½ Wirsing, in Streifen geschnitten

100–125 ml Wasser

½ TL schwarze Pfefferkörner, zerstoßen • Salz

3 EL frisch gehackter Koriander

Saft von ½ Limette

4 EL geröstete Kokosflocken, zum Garnieren

Würzpaste

50 g schnittfeste Kokoscreme, zerlassen

1 frische grüne Chili, grob gehackt

1 EL fein gehackter frischer Ingwer

2 Knoblauchzehen, in Scheiben geschnitten

1 kleine Zwiebel, fein gehackt

½ TL Salz

1 TL Kreuzkümmelsamen

½ TL gemahlene Kurkuma

AUBERGINEN-BOHNEN-CURRY

FÜR 4 PERSONEN

- 2 EL Pflanzen- oder Erdnussöl, plus eventuell etwas mehr
- 1 Zwiebel, gehackt
- 2 Knoblauchzehen, zerdrückt
- 2 frische rote Chillies, entkernt und gehackt
- 1 EL rote Thai-Currypaste
- 1 große Aubergine, in mundgerechte Stücke geschnitten
- 120 g runde Mini-Auberginen
- 120 g sehr junge dicke Bohnen
- 120 g Prinzessbohnen
- 300 ml Gemüsebrühe
- 60 g schnittfeste Kokoscreme, gehackt
- 3 EL Sojasauce
- 1 TL hellbrauner Zucker
- 3 Kaffir-Limettenblätter, zerzupft
- 4 EL frisch gehackter Koriander

Einen Wok auf mittlerer bis starker Stufe vorheizen, dann das Öl zugeben und erhitzen. Zwiebel, Knoblauch und Chillies darin 1–2 Minuten unter Rühren anbraten. Die Currypaste zugeben und 1–2 Minuten mitgaren.

Die Auberginen zugeben und 3–4 Minuten mitgaren, bis sie gerade weich werden. Eventuell noch etwas Öl zugeben, da die Auberginen recht viel davon aufsaugen. Beide Bohnensorten zugeben und unter Rühren weitere 4 Minuten garen.

Brühe, Kokoscreme, Sojasauce, Zucker und Limettenblätter unterheben. Alles unter Rühren aufkochen und köcheln, bis die Kokoscreme aufgelöst ist. Den Koriander unterrühren und servieren.

ZUCCHINI-CASHEW-CURRY

Einen Wok auf mittlerer bis starker Stufe vorheizen, dann das Öl zugeben und erhitzen. Frühlingszwiebeln, Knoblauch und Chillies zugeben und 1–2 Minuten weich braten, aber nicht bräunen.

Zucchini und Pilze zugeben und 2–3 Minuten mitgaren, bis sie weich sind.

Bohnensprossen, Cashewkerne, Schnittlauch und die beiden Saucen untermengen und 1–2 Minuten pfannenrühren. Heiß mit frisch gekochtem Reis oder Nudeln servieren.

FÜR 4 PERSONEN

2 EL Pflanzen- oder Erdnussöl

6 Frühlingszwiebeln, gehackt

2 Knoblauchzehen, gehackt

2 frische grüne Chillies, entkernt und gehackt

450 g Zucchini, in dicke Scheiben geschnitten

120 g Shiitake-Pilze, halbiert

60 g frische Bohnensprossen

80 g Cashewkerne, geröstet

frisch gehackter chinesischer Schnittlauch

4 EL Sojasauce

1 TL thailändische Fischsauce

frisch gekochter Reis oder asiatische Nudeln, zum Servieren

GEBRATENER GEMÜSEREIS MIT EI & KNUSPER-ZWIEBELN

Einen Wok auf mittlerer bis starker Stufe vorheizen, dann die Hälfte des Öls zugeben und erhitzen. Den Knoblauch und die Chillies darin 2–3 Minuten anbraten.

Champignons, Zuckererbsen und Mais zugeben und 2–3 Minuten unter Rühren mitbraten. Sojasauce, Zucker und Basilikum unterrühren, dann den Reis unterheben.

Den Gemüsereis an den Rand des Woks schieben. Die verquirlten Eier in den Wokboden gießen, unter Rühren etwas stocken lassen und dann mit dem Gemüsereis vermengen.

Das restliche Öl in einer Pfanne erhitzen und die Zwiebelringe darin knusprig braun braten. Über den gebratenen Reis streuen, mit Basilikumblättern garnieren und sofort servieren.

FÜR 4 PERSONEN

- 4 EL Pflanzen- oder Erdnussöl
- 2 Knoblauchzehen, fein gehackt
- 2 frische rote Chillies, entkernt und gehackt
- 120 g Champignons, in Scheiben geschnitten
- 60 g Zuckererbsen, halbiert
- 60 g Babymaiskolben, halbiert
- 3 EL Sojasauce
- 1 EL hellbrauner Zucker
- frische Thai-Basilikumblätter, plus einige Blätter zum Garnieren
- 350 g gekochter Reis, abgekühlt
- 2 Eier, verquirlt
- 2 Zwiebeln, in Ringe geschnitten

FU YUNG

FÜR 4–6 PERSONEN

2 Eier

½ TL Salz

1 Prise weißer Pfeffer

1 TL zerlassene Butter

2 EL Pflanzen- oder Erdnussöl

1 TL fein gehackter Knoblauch

1 kleine Zwiebel, in feine Ringe geschnitten

1 grüne Paprika, in feine Streifen geschnitten

450 g gekochter Reis, abgekühlt

1 EL helle Sojasauce

1 EL fein gehackte Frühlingszwiebel

150 g frische Bohnensprossen

2 Tropfen Sesamöl

In einer Schale die Eier mit Salz und Pfeffer verquirlen. Die Butter in einer tiefen Pfanne erhitzen, die Eier hineingießen und zu einem Omelett braten. Aus der Pfanne nehmen und in Streifen schneiden.

Einen Wok auf mittlerer bis starker Stufe vorheizen, dann das Öl zugeben und erhitzen. Den Knoblauch darin schwenken, bis er zu duften beginnt. Die Zwiebel zugeben und 1 Minute pfannenrühren. Die Paprika zufügen und 1 weitere Minute braten. Den Reis unterheben, kurz anbraten, dann die Sojasauce unterrühren und alles 2 Minute garen.

Zunächst Frühlingszwiebel und Omelettstreifen, dann Bohnensprossen und Sesamöl unterheben. 1 Minute unter Rühren erhitzen. Sofort servieren.

Register